フローチャートで

わかる！

# 収益認識

# 会計基準

公認会計士 内田正剛 著

税務研究会出版局

# まえがき

　「収益認識会計基準はすごく難しいから、わかりやすくて読みやすい本で学びたい」。たしかに読んでもスッと頭へ入ってこないですし、読むのに根気が求められますよね。これは、収益認識会計基準がIFRS第15号をベースにした翻訳調の用語や文章が並びつつ、しかも抽象的な表現をしているからです。しかし、損益計算書で最も重要な売上の会計ルールですから、知らないわけにはいきません。そんな難題をクリアするヒントは「フローチャート」と「用語の言い換え」にあると考え、本書を執筆しました。また、フローチャートを並べて解説するだけではなく、注記事例や設例のあてはめもしています。「実際のところはどうなの？」を知ることができるからです。既に強制適用が始まっていて注記事例も公開されていますが、収益認識会計基準自体は今後の決算でも繰り返し読み返す機会があるでしょう。決算の最重要トピックを扱っているからです。そんな「繰り返し読む」ことに本書を役立てて頂けるよう、本書を横から見ると読みたいページがどこにあるかがわかるように工夫しました。なお、解説にあたって会計基準や適用指針の用語を言い換えています。入門書として「わかりやすさ・イメージしやすさ」を重視したためです。ですから、実務での検討にあたっては、必ず収益認識会計基準や適用指針等を確認するようにして下さい。

　最後になりましたが、本書を執筆する機会を頂いた税務研究会出版局のみなさまにこの場をお借りして御礼を申し上げます。

2021年11月吉日　　　　　　　　　　　公認会計士　内田正剛

# フローチャートでわかる! 収益認識会計基準

## 目 次

第 1 章

# 収益認識会計の

# わかりやすい参考書

# 収益認識会計のわかりやすい参考書

## 1. 難しいけど知りたい会計基準

　「すごく難しくてわからない」「だけど内容をかいつまんで知っておきたい」。経理の仕事をされる方にとって大注目の「収益認識会計基準」ですが、翻訳調の文章が読もうとする気持ちに抵抗感を持たせてしまいます。しかし、売上の会計基準ですから内容は知っておきたいところです。そこで本書では、収益認識会計基準のわかりやすい参考書の役割を担うことにしました。具体的には、主なトピック別の超入門知識の紹介や考え方と判定手順を、フローチャートや図解を用いてわかりやすく解説します。なお、会計基準の正式名称は「収益認識に関する会計基準」で、適用指針は「収益認識に関する会計基準の適用指針」ですが、本書では単に「（収益認識）会計基準」「（収益認識）適用指針」とよぶことにします。また、会計基準では取引目的物を指す「財又はサービス」という用語が使われますが、本書では単に「商品」とよぶことにします。

## 2. 収益認識とは

### (1) 収益の認識

　売上の会計基準は「収益認識会計基準」といいますが、そもそも「収益認識」って何でしょうか？　そこで、本題へ入る前に収益認識って何かという紹介からスタートします。収益認識を簡単にいうとルールにしたがって収益（＝売上）の会計処理をしていいと判断することをいいます。

## ⑵収益の測定

　認識以外にも「測定」という言葉を耳にされたことがあると思います。「測定」を簡単にいうとルールにしたがって会計帳簿へのせる金額を決めることをいいます。売上に関していうと、本書で解説する5つのステップを全てクリアしたら、収益を認識・測定できます。つまり収益認識会計基準は、「収益認識」と謳っているものの、収益の測定の話もカバーした会計基準ということです。

図1　収益認識とは

認識
ルールの要件を満たすので
売上の仕訳をしていい

測定
売上の金額を決めること

## 3. 収益認識の5つのステップの超入門

　会計基準が採用する、売上の仕訳をOKするまでの一連の仕組みが「5つのステップ」です。したがって本書でも5つのステップに沿った構成としつつ、重要なトピックの判定は、フローチャートを使って解説しています。以下で5つのステップを簡単におさらいしますので、会計基準の仕組みがいまいち掴めないとお悩みの方はぜひご一読下さい。ちなみに「識別」という用語が何度か出てきますが、これは「対象として見分けること」という意味です。ですから本書では「特定」という用語を使って解説していきます。

## ⑴ 契約の識別（ステップ１）

　収益認識の検討対象の契約を特定する作業です。売上代金を顧客（以下「お客さん」とします）から受け取るのは、売主がお客さんと約束した商品をお客さんへ提供したからです。ですから、そもそも論として「どんな約束をしたのか？」を特定する作業を最初にする必要があります。これを会計基準では「契約の識別」といっていて、５つの要件（当事者が義務を約束・権利がわかる・支払条件がわかる・経済的実質がある・代金を回収できる可能性が高い）を定めています。また、契約で約束した業務を売主側が果たす前に何ら補償なく契約を解約できるのなら、収益認識を検討する上で契約が成立しているとはみなさないという規定もあります。これらについては、第３章でフローチャート形式で解説します。このほかにも、複数の契約を１つの契約とみなす「契約の結合」や契約に変更があった場合の取扱いも会計基準で定められているので、こちらも第３章で、フローチャート形式で解説します。

## ⑵ 履行義務の識別（ステップ２）

　売上の会計処理を検討する最小単位のことを、会計基準では「履行義務」とよんでいます。履行義務が大きくなったり小さくなったりすると、必然的に売上の会計処理をするタイミング・金額も前後してしまって操作の余地が出てしまいます。そこで会計基準では、履行義務の判定について大きく分けて２種類の要件を定めています。詳細は第４章で、フローチャート形式でわかりやすく解説します。

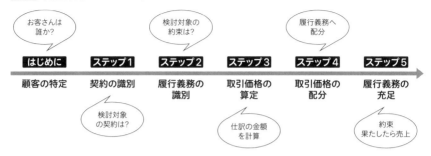

図2 収益認識5つのステップ

はじめに　顧客の特定（検討対象の契約は？）お客さんは誰か？

ステップ1　契約の識別

ステップ2　履行義務の識別　検討対象の約束は？

ステップ3　取引価格の算定　仕訳の金額を計算

ステップ4　取引価格の配分　履行義務へ配分

ステップ5　履行義務の充足　約束果たしたら売上

## ⑶ 取引価格の算定（ステップ3）

　売上代金のことを会計基準では「取引価格」とよんでいて、4つの要素を検討ポイントに掲げています。売上＝〇〇円というシンプルな話では実務は回っていないからです。どのような計算過程を経て取引価格が計算されるのかは、第5章でフローチャート形式でわかりやすく解説します。

## ⑷ 取引価格の配分（ステップ4）

　1つの契約に複数の売上を検討する最小単位（＝履行義務）があると、ステップ3で計算した取引価格を、それぞれの履行義務へ割り振る作業が必要です。「取引価格の配分」という作業ですが、これは独立販売価格という指標を使って行います。独立販売価格をどのように見積計算するのかは、第7章で、フローチャート形式でわかりやすく解説します。

## ⑸ 履行義務の充足（ステップ5）

　「充足」という耳慣れない言葉がついた用語の意味は、要するに「お客さんと取り交わした通りに約束を果たした」という意味です。実務では様々な果たし方がありますが、会計基準では「一定の期間」と「一時

点」という2つの視点で果たし方を整理しています。どのように判定するのか、そして補足論点については第8章で、フローチャート形式でわかりやすく解説します。

## 4. 論点一覧マップ

　収益認識会計はいろんなトピックを扱っているので、会計基準や適用指針を最初から読破しようとすると混乱してしまいます。一方で、「○○のトピックだけ読みたい」という方もいらっしゃるでしょう。そこで、会計基準の全体像や読みたいページを見つけやすくするために、論点一覧マップを用意しました。収益認識会計基準や本書の目次代わりにご利用頂けると幸いです。

図3 論点一覧マップ

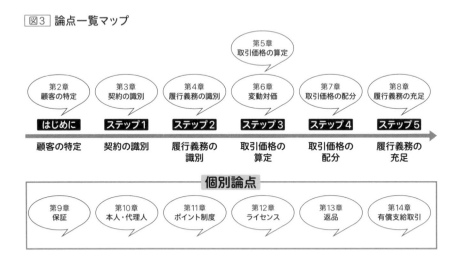

## 5. 会計基準や適用指針の仕組み

### (1) トピック別に配置されている

　たくさんの規定から構成されている収益認識会計基準や適用指針・設例ですが、それぞれの規定はステップや論点別にある程度まとまって配置されています。主なトピックは、会計基準や適用指針では見出しがつけられているので、目次を見ると、調べたい／確認したい規定のおおよその場所を見つけることができます。また、適用指針では会計基準を補足する規定であることを示すために、補足対象の会計基準の条文番号がはっきり示されています。ですから、会計基準と適用指針を合わせて確認するときは、そこを見ればお互いの繋がりを確かめることもできます。

### (2) 会計基準や適用指針の仕組み

　会計基準と適用指針はそれぞれ全く別のトピックを定めているのではなく、特定のトピックの基本的な考え方を会計基準で定めて、適用指針で具体的な処理や判定の仕方を定めています。また、重要性がない場合の例外的な取扱いは、適用指針の後半に「代替的な取扱い」という形で定められています。さらに、特定のトピック別に設例も準備されています。

### (3) 結論の背景も有益な情報

　会計基準や適用指針の本文は、どのように判定してどのように処理するかの結論が書かれた場所です。なぜそのような判定・処理をするのかの考え方は、会計基準・適用指針の後ろの方にある「結論の背景」に書かれています。また、本文のどの規定の補足説明をしているのかについて、具体的な条文番号も書かれています。会計基準や適用指針の本文を

みてどうしても腹落ちしない場合や、意図していることを掴みかねる場合は、「結論の背景」にも目を通してみることをおすすめします。中には適用指針115〜122項のような、本文にいてもおかしくないようなものもあります。

## ⑷ 調べ方

　あるトピックの規定を一通り確認したい場合は、本書を参考にしつつ、会計基準・適用指針・結論の背景・代替的な取扱い・設例を横串を通す形で確認して下さい。この「横串を通す形で確認する」が、収益認識会計基準の理解を深める上でとても大切な作業になります。特に設例は、会計基準や適用指針をどのように実務へ落とし込むかの参考情報として非常に有用です。ですから、規定の全体像が一通り把握できたら、合わせて設例で実務への落とし込み方を把握する作業もしておきたいです。むしろ、先に設例を読んで会計基準や適用指針へさかのぼって確認する方が早く理解できるかもしれません。特に結論の背景にも目を通すと理解がより深まります。

図4 会計基準や適用指針の仕組みと調べ方

配置
会計基準や適用指針は
トピック別に
配置されている

仕組み
基準：基本的な考え方
適指：具体的な処理
代替：例外的な処理

結論の背景
判定・検討をする
理由や考え方など

調べ方
会計基準・適用指針
代替的・結論の背景
設例を横串通す

## 6. 会計基準や適用指針の論点別の構成

　詳しい規定内容の解説は各章に譲るとして、ここでは規定の全体像を図にまとめています。規定の全体像とおおよその場所がわかると調べるときの時間節約に役立ちますので、ご活用下さい。

図5 主な会計基準や適用指針の構成 —— 契約の識別の全体像編

## (1) 契約の識別：ステップ1

### ① 会計基準

　3つのトピックに分けられていて、識別・結合・変更の3区分から構成されています。識別が会計基準19〜26項まで、結合は27項、変更が会計基準28〜31項で定められています。

### ② 適用指針

　ステップ1の契約の識別については、適用指針では特に補足する規定は設けられていません。

### ③ 代替的な取扱い

　契約の変更について1つ例外的な規定を適用指針92項で設けています。また、101〜103項でも例外規定が定められています。

9

④ 設例

　ステップ1では設例2〜設例4まで3つの設例が設けられています。

## ⑵ 履行義務の識別：ステップ2

### ① 会計基準

　基本的な考え方を会計基準32〜34項で規定していて、具体的な判定の仕方は適用指針が担当しています。

### ② 適用指針

　会計基準の規定を受ける形で、具体的な判定の仕方を適用指針5〜7項で定めています。

### ③ 代替的な取扱い

　履行義務については適用指針93項・94項で2つの例外規定が定められています。101〜103項でも例外規定が定められています。

### ④ 設例

　履行義務はどう捉えるか次第で収益認識の時期や金額に影響するので重要なトピックですし、会計基準の開発に伴って導入された新しい考え方です。そんな背景もあってか、設例は2種類で合計6つ（設例5-1・5-2と設例6-1〜6-4）設けられています。

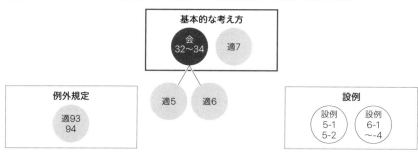

図6 主な会計基準や適用指針の構成――履行義務の識別の全体像編

## (3) 取引価格の算定：ステップ3

### ① 会計基準

　取引価格の4つの要素をはじめとする基本的な定めや変動対価を中心に、46〜64項まで合計19個の規定が設けられています。

### ② 適用指針

　会計基準で示された4つの要素の具体的な取扱いについて、23〜30項までの8個の規定が適用指針で定められています。

### ③ 代替的な取扱い

　特に例外規定は定められていません。

### ④ 設例

　取引価格の4つの要素のうち、変動対価について設例10で、価格の引下げなどについては設例12−1・−2や設例13が設けられています。顧客に支払われる対価は、設例14が設けられています。

第1章
第2章
第3章
第4章
第5章
第6章
第7章
第8章
第9章
第10章
第11章
第12章
第13章
第14章

図7 主な会計基準や適用指針の構成——取引価格の算定の全体像編

## (4) 取引価格の配分：ステップ4

### ① 会計基準

　基本的な考え方・配分の進め方を65〜73項までの9つの規定で示しています。

### ② 適用指針

　取引価格の配分で使う独立販売価格の見積り方などを31〜33項で示しています。

### ③ 代替的な取扱い

　残余アプローチの例外規定が、適用指針100項で定められています。この他にも101項でも例外規定が定められています。

### ④ 設例

　設例15−1・−2・−3で取引価格の配分の仕方が示されています。

図8 主な会計基準や適用指針の構成──取引価格の配分の全体像編

基本的な考え方
会
65〜67

独立販売価格
会
68〜69
適
31〜33

その他
会
70〜73
設例
15-1
-2, -3

例外規定
適100
〜101

## (5) 履行義務の充足：ステップ5

### ① 会計基準

　ステップ2と近い場所にある条文で規定されているのでわかりにくいですが、会計基準35〜45項にかけて、11個の規定が示されています。

### ② 適用指針

　実務で最も関心の高い「一定の期間／一時点の判定」を中心に、8〜22項にかけて15個の規定が定められています。

### ③ 代替的な取扱い

　ステップ5では例外規定が多く、95〜99項にかけて5つの例外規定が定められています。

### ④ 設例

　「一定の期間」の判定が抽象的でイメージを掴むのに苦労するという背景もあってか、設例7〜設例9にかけて合計5つの設例が設けられています。

第1章
第2章
第3章
第4章
第5章
第6章
第7章
第8章
第9章
第10章
第11章
第12章
第13章
第14章

図9 主な会計基準や適用指針の構成──履行義務の充足の全体像編

基本的な考え方

会 35〜37　適8

一定の期間

会38 41〜45　適 9〜13　適 15〜22　設例 7〜9

一時点

会 39〜40　適14

例外規定

適 95〜99

## ⑹ その他のトピック

### ① 保証

　会計基準には規定はないものの、適用指針で5つ（34〜38項）設けられています。

### ② 本人・代理人

　会計基準に規定はないものの、適用指針39〜47項まで9つの定めが設けられています。実務でも注目度の高いトピックとの判断も背景にあってか、設例は5つ（設例17〜設例20と設例30）設けられています。

### ③ ポイント

　会計基準には規定はないものの、適用指針で3つ（48〜50項）設けられています。なお、見出しにはポイントとは書かれておらず、「追加の財又はサービスを取得するオプションの付与」という用語が使われています。適用指針を調べる時は知っておいて下さい。一方、設例では「カスタマー・ロイヤルティ・プログラム」というトピックで設例22が配置されています。

### ④ ライセンス

　会計基準には規定はないものの、適用指針で8つ（61〜68項）設けられています。設例は3種類の合計4つ（設例23、24-1・-2、設例25）設けられています。

### ⑤ 返品

　会計基準には規定はないものの、適用指針で6つ（84〜89項）設けられています。設例は1つ設けられています（設例11）。

### ⑥ 有償支給取引

　会計基準に規定はなく、適用指針104項に「その他の個別事項」として1つだけ定めがあります。設例は公開草案の段階では設けられていましたが、議論があったため削除されています。

図10 主な会計基準や適用指針の構成——その他のトピックの全体像編

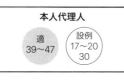

# 監査人へ聞く前に

　「会計基準が難しいから、監査人へ解釈を聞いてみようかな?」
イメージが掴みにくい収益認識会計基準の解釈を、監査人へ聞
いてみたいと思われた経理の方はいらっしゃるのではないでし
ょうか。でも、少し立ち止まってみて下さい。難しいと感じて
いるのは、監査人も同じです。収益認識会計基準のIFRSバージ
ョンであるIFRS第15号が先に実務へ導入されていて、適用して
いる上場会社は数百社あります。論点の解釈がズバリ書かれて
いるわけではないものの、①自社に近い業種、②収益認識の注
記でよく使われるワードなどに注意しつつ探すと、ある程度は
望む注記事例を探すことができます。また、中には収益認識の
解釈・あてはめの開示に積極的な会社は(かなり少ないですが)
あるので、積極開示の会社を見つけるのも有益です。注記事例
は「既に監査意見が付いている(=監査でOKが出ている)」ので、
心強い参考情報となります。ですから、監査人に聞くよりも先
にIFRS第15号や収益認識会計基準の早期適用の注記事例をあた
ってみることをおすすめします。ある程度事例で知識を蓄えた
上で質問の対象を絞ると、監査人への質問も最低限で済みます。

図11 監査人へ聞く前に

第 2 章

顧客の特定

# 顧客の特定

　ここから、収益認識の検討作業へ入って行きます。本章で解説する顧客の特定の作業は5つのステップには入っていませんが、会計基準の最初の方にある大切な作業です。

## (1) なぜ必要か？

　売上は、顧客の求めるもの・サービスを提供し見返りを受け取ることで発生します。ですから、そもそも「顧客（＝本書ではお客さん）って誰？」がはっきりしないと売上の仕訳（＝収益認識）の検討が始められないのです。したがって、会計基準の冒頭で顧客の定義があり、具体的な要件も定められているというわけです。

## (2) 会計基準や適用指針の構成

　顧客の定義を定めているのは会計基準6項の1つだけで、適用指針には特に補足の説明もありません。要件は3つで「対価と交換」「財又はサービスの提供を受ける」「契約した当事者」です。具体的にみていきます。

### ① 対価と交換

　当社の製商品やサービスを手に入れる見返りに、固定・変動を問わず代金を払ってくれることが1つ目の要件です。

## ② 財又はサービスの提供を受ける

当社へ代金を支払って、当社の財又はサービスの提供を受けることが2つ目の要件です。

## ③ 契約の当事者

法的な定義はともかく、契約が成立することで影響を受ける者が契約の当事者です。ですから、契約が成立したことで影響を受ける当事者の関係であることが3つ目の要件です。

図12 会計基準の構成

**支払う**
見返りに売主へ
対価を払う

**受け取る**
売主の財又はサービスの
提供を受ける

**契約**
売主と契約の
当事者の関係である

第1章
第2章
第3章
第4章
第5章
第6章
第7章
第8章
第9章
第10章
第11章
第12章
第13章
第14章

## 2. 顧客の特定フローチャート

### (1) 解説

図13 顧客の特定のフローチャート

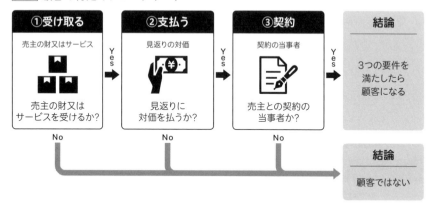

　上記は顧客の特定のフローチャートです。関係する会計基準の規定は1つだけ（6項）で要件も3つなので、とても検討しやすいトピックです。一方で、顧客の判定を間違えると、その後に続く検討の意味がなくなってしまうので、非常に重要な手続です。

### ① 財又はサービスの提供を受けるのは誰？ 会6

　「お客さんへ財／サービス（以下「商品」とします。）を提供する見返りに代金を受け取る」が、収益認識の基本です。それは顧客の検討でも変わらないので、当社の財又はサービスの提供を受けるのは誰かの検討から始めます。

### ② 代金を払ってくれるのは誰？ 会6

　続いて①を手に入れる見返りに、代金を払ってくれるのは誰なのかの

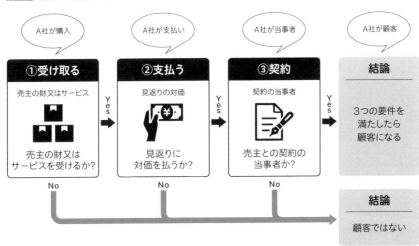

検討へ進みます。

### ③ 契約の当事者は誰？ 会6

　売主と契約関係にあることが3つ目の要件で、3つの要件全てを満たした者が収益認識を検討する上での顧客になります。

※会：会計基準、適：適用指針、6：6項（以下同じ）

## (2) あてはめ

　それでは、実際の取引例にあてはめてみましょう。

図14 顧客の特定のあてはめ

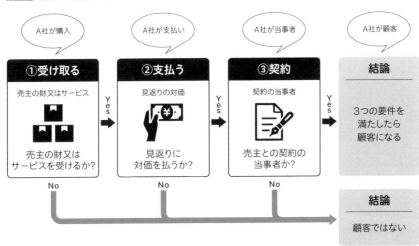

（解説）

　以下の前提で解説していきます。

- A社から当社製品10個の注文を受けた。
- 注文書を受け取って注文請書を発行した。
- 代金はA社から1ヶ月後に当社へ支払われる旨が注文書に書かれてい

第1章
第2章
第3章
第4章
第5章
第6章
第7章
第8章
第9章
第10章
第11章
第12章
第13章
第14章

る。

## ① 財又はサービスの提供を受けるのは誰？

　A社が当社製品を購入します。

## ② 代金を払ってくれるのは誰？

　A社が当社へ代金を支払います。

## ③ 契約の当事者は誰？

　A社が当社へ注文書を発行し、当社は注文請書をA社へ発行しています。したがって、当社とA社は契約の当事者となります。

## 結論

　3つの要件を満たすので、この取引で顧客はA社です。

## (3) 注記事例の紹介

　続いて、有価証券報告書の注記からネクソンの事例を選んで、フローチャートでみてみましょう。

図15 取引図

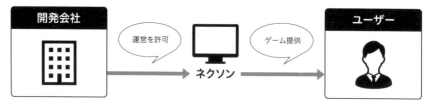

第1章
第2章
第3章
第4章
第5章
第6章
第7章
第8章
第9章
第10章
第11章
第12章
第13章
第14章

図16 顧客の特定の判定フローチャート　注記事例

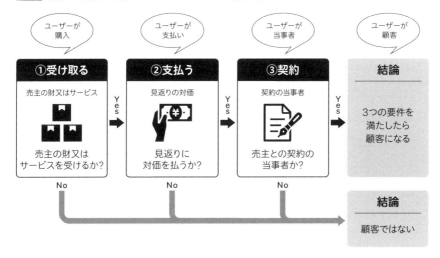

（解説）

　以下の前提で解説します。解説は注記事例をもとにした筆者の推測です。

- 開発会社から許可されたオンラインゲームを運営。
- 見返りにネクソンは開発会社へロイヤルティを支払う。
- ネクソンがオンラインゲームをユーザーへ提供。
- ユーザーは有料アイテムの代金をネクソンへ支払う。
- 出典：ネクソン2019年12月期有報103〜104ページ

### ① 財又はサービスの提供を受けるのは誰？

　ネクソンの「オンラインゲームサービス」の提供を受けるのはユーザーです。

## ② 代金を払ってくれるのは誰？

ユーザーがネクソンへ代金を払っています。

## ③ 契約の当事者は誰？

公式の書類の取り交わしはしないかもしれませんが、有料アイテムの購入等の際に何らかの合意をしているので、ユーザーとは契約の当事者の関係にあります。

## 結論

以上の判定の結果、3つの要件を満たすので、ユーザーが顧客であると判断したものと思われます。

## 3. 顧客の特定の注意点

### (1) 顧客は何社特定する必要がある？

会社では何社も得意先があると思いますが、その全てについて会計基準6項でのあてはめを求めているわけではありません。後述しますが、ポジションペーパーなどでの収益認識の5つのステップの検討とつなげる形で顧客を特定するので、似た商流・同じ履行義務であればひとまとめにして顧客の特定の作業を行うのが効率的と思われます。

### (2) 5つのステップとの関係

収益認識は別個の商品（＝履行義務）の単位で検討・判定をするので、顧客の特定だけ単独で行うわけではありません。ですから、特定の履行義務とリンクさせる形で顧客の特定も行います。つまり顧客の特定は独立して判定するのではなく、その後に続く収益認識の5つのステップ

（ステップ1〜ステップ5まで）と繋げる必要があるということです。

## (3) 工夫

　収益認識の5つのステップとのつながりや検討漏れを防ぐために、マッピングや枝番管理などをして、相互にリンクさせることを意識します。

図17　顧客の特定の注意点

**顧客の数**

商流や履行義務ごとに検討

**5つのステップ**

他のステップと関連づける

**工夫**

マッピングや枝番管理

## 4. ポジションペーパーのチェックポイント

　顧客の特定について、ポジションペーパーのチェックポイントを紹介します。ポジションペーパーは、主なトピックの会計処理について、会計基準などをふまえた自社の考え方を示したものをいいます。

図18　ポジションペーパーのチェックポイント

**対象取引**

商流や履行義務ごとに作成

**ポイント**

会計基準6項へあてはめ
ステップ1〜5とリンク

## ⑴ 対象の取引

　全ての得意先について書く必要はありません。主な商流・履行義務ごとに作成すればいいと思います。主な商流・履行義務ごとにポジションペーパーを作成する必要があり、顧客の特定とリンクさせるからです。

## ⑵ ポイント

　ポイントは2つで、①会計基準6項の3つの要件にあてはめる形で書くのと、②ステップ1〜ステップ5とリンクさせるということです。仮に5つの履行義務があって、5ステップのポジションペーパーを5種類作る必要があるのなら、顧客の特定のポジションペーパーも、5種類作る必要あります。

# 資料は率先して提出する？

　「監査でリクエストされる資料が膨大で大変」。最近の監査は年々厳しくなっているので、どこの会社の経理担当者も同じ悩みを抱えているのではないでしょうか。売上は監査で最重要チェックポイントなので、たくさんの資料の提出を求められるでしょう。そんな環境で今度は売上の会計基準が作られました。こんなときに資料は、「リクエストされたら出す」という受け身の対応の方がいいと思います。必ずしも求められていない資料まで率先して出すと、監査人が「○○もみたい！」と考えてしまうのが自然だからです。監査は「○○したら十分です」という明確なラインはないので、監査人的には証拠書類は極力たくさんテストすればするだけ安心できますし、会計処理の根拠になる情報は可能な限りたくさん手に入れておきたいと考えるのが、監査人の性（さが）です。ですから、ウソはダメですが、「求められたものだけ出す」「重複リクエストは指摘する」という進め方の方が、結果的に求められる資料のボリュームが少なくて済むと思います。嘘はつかないけど、極力刺激しないが基本方針です。

図19 資料は率先して提出する？

基本方針

リクエストされたら
提出する

監査人の思考

可能な限りたくさんの
資料をみたい

具体的には

求められたら出す
重複リクエストは指摘

第 3 章

ステップ1

契約の識別

## ステップ1 契約の識別

　それでは、収益認識の5つのステップの1つ目の「契約の識別」へ入って行きます。

### 1. 収益認識と契約の識別の関係

　売上は、お客さんとの約束を取り交わした通りに果たしたら会計帳簿へのせることができます。一方で契約は、顧客（お客さん）との約束であり、約束の具体的な内容からはじまり、代金やその支払時期も決められています。ですから契約は、いわば売上（収益認識）の検討の前提ともいえます。このような背景もあって契約の識別は、収益認識の5つのステップの最初に据えられています。ただし契約は人によって様々な捉え方・取り交わしをするので、要件を定めた上でそれを満たしたものを、（収益認識を検討する上での）契約と捉えることにしています。

図20 収益認識と契約の識別の関係

| 検討の前提 | 約束の内容 | 取引価格 |
|---|---|---|
|  | |  |
| 約束を果たした＝仕訳 仕訳の売上代金 | 顧客と取り交わした約束の 内容（財又はサービス） | 代金や支払時期が 契約書にのっている |

## 2. 契約の識別の3つのトピック

　ステップ1の契約識別について会計基準では、3種類のトピックを定めています。全体像を簡単に示すと以下の通りです。

図21 会計基準で規定されているトピック

| 契約の識別 | 契約の結合 | 契約の変更 |
|---|---|---|
|  |  |  |
| 収益認識の検討対象になる契約を特定する | 複数の契約を1つの契約とみなす | 契約識別後に契約内容が変わった |

### (1) 契約の識別

　収益認識の検討をする上で、検討対象の契約をどのように特定するか定めた規定です。メインとなる規定は、19項の5つの要件（当事者が義務を約束・権利がわかる・支払条件がわかる・経済的実質がある・代金を回収できる可能性が高い）と、それを覆せる解約について定めた22項の規定です。そのほかにも実務的に重要な規定が20項で、口頭や取引慣行でも契約は成立することがはっきり書かれています。

### (2) 契約の結合

　複数の契約だけれども1つの契約として扱うことを求めた規定です。会計基準の規定は1つで、27項で3つの要件（同じビジネスの目的・支払が他方の契約とリンク・1つの履行義務）が定められています。

31

第1章 第2章 第3章 第4章 第5章 第6章 第7章 第8章 第9章 第10章 第11章 第12章 第13章 第14章

## ⑶ 契約の変更

　顧客と契約を取り交わした後に変更が加わる場面を想定した規定です。「変更したことで（実質的に）新しい約束が増えたのか？」という視点でルールが作られています。新しい約束が増えたかどうかの判定を定めたのが会計基準30項で、増えていないと判断された場合の取扱いが31項で定められています。

## 3. 契約の識別フローチャート

### ⑴ 解説

　収益認識を検討する上で、契約がいつ成立したかを判断するためのフローチャートは以下の通りです。

図22 契約の識別フローチャート

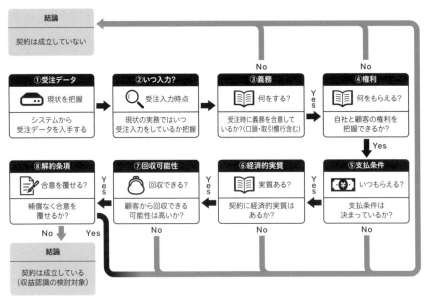

## ① 受注データを入手

　顧客から受注すると、製品を作ったりサービスを提供する準備をするなどのなんらかのアクションが必要です。ですから通常は、受注データをシステムなどへ入力して管理しているはずです。会計基準の契約の識別の検討でも、具体的な会計基準の話へ入っていく前に、自社の受注業務の現状・データの把握からはじめます。

## ② どの時点で受注入力しているか？

　これまでの実現主義の収益認識では受注時点を厳密に定めていなかったので、受注入力のタイミングも、会社によってまちまちかもしれません。ですから受注データーを入手したら、データの内容を分析しつつどの時点でどんな情報や資料をもとに受注入力をしているかを、入力担当者へ質問もしつつ把握をします。

## ③ 義務を合意しているか？ 会19①

### 全般

　現状を把握できたら、いよいよ会計基準の話へ入っていきます。はじめに、契約の義務が何なのかを把握した上で、契約を承認して義務を当社と顧客が合意しているかを把握します。

### 口頭合意・取引慣行

　口頭合意や取引慣行は、はっきりと何らかの文書に書かれているわけではありません。このうち後述する口頭合意は②のフローチャートの調査で把握できるので、問題は取引慣行ですが、取引慣行についてはある程度重要性の高い話なので、監査の過程でトピックになっているはずです。ですから、監査での議論も参考にしながら、取引慣行の情報も収集

します。

### ④ 権利は把握できるか？ `会19⑵`

　例えば、顧客は当社の製品を受け取ることで、売主の当社の権利は代金を受け取ることという感じで、両者の権利を契約で把握できるかを確認します。

### ⑤ 支払条件を把握できるか？ `会19⑶`

　契約書や注文書にはいつまでにどのような方法で売主へ代金を支払うかが書かれているので、支払条件も確認します。なお、日常的にやりとりする注文書ではなく、取引基本契約書で取り決めている可能性も考えられるので、合わせて確認します。

### ⑥ 契約に経済的実質があるか？ `会19⑷`

　表面上は契約が成立していても、別の特約などで合意を覆せるような取り決めがされていたら、契約は成立していないのと同じです。そのような背景がなく、顧客が当社の製品を受け取る見返りに当社は代金を受け取るといった契約の経済的実質があることを確かめます。つまり、契約によって収入や支出のリスク・時期や金額が変動することが見込まれるかということです。

### ⑦ 対価を回収できる可能性が高いか？ `会19⑸`

　明らかに対価を払ってもらえないような顧客との取引なら、それはビジネスではありません。実務的に問題になるケースはかなり限定的だと思いますが、払ってもらえる可能性が高いことを確かめます。現実的には、売掛金の年齢管理表や与信枠の管理表などをみて確めるのも1つの

方法です。

## ⑧ 解約条項 会22

　契約に解約条項があることで、売主と顧客がお互いの義務を果たす前に何ら補償なく契約を解約できるのなら、それは契約が成立していないのと同じです。なお、解約条項は多くの場合取引基本契約書などで書かれていることがあるので、そちらを主に確認します。また、代金を受け取る権利が発生していないこと（受け取ってもいないこと）も要件として求められています。

## (2) あてはめ

　それでは、実際の取引例にあてはめてみましょう。

図23 契約の識別のフローチャートあてはめ

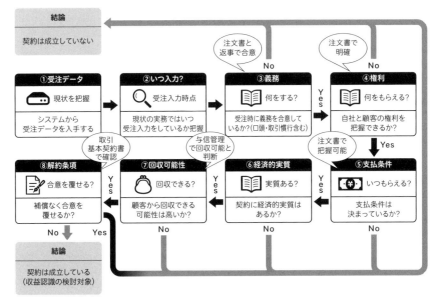

（解説）

　以下の前提で解説します。

- 顧客Ａ社から製品Ｔを発注する旨の注文書を受領。
- 取引の基本条件は取引基本契約書で取り交わしている。
- 注文書には、製品Ｔを５個発注し、代金は1ヶ月後に支払う旨が記載。

### ① 義務を合意しているか？

　Ａ社から注文書を受領した後に直ちにメールで、注文内容を承知した旨の返事をしています。よって、売主とＡ社は「製品Ｔを５個引き渡す」「Ａ社は売主へ1ヶ月後に代金を支払う」というお互いの義務を合意しています。

### ② 権利を把握できるか？

　注文書の受け取りとその返答で、「製品Ｔを５個受け取る」「売上代金を受け取る」というお互いの権利が明確に把握できます。

### ③ 支払条件を把握できるか？

　注文書で1ヶ月後に支払う旨が書かれているので、支払条件の把握もできます。

### ④ 契約に経済的実態はあるか？

　上記の背景がある上にＡ社からの注文書の効力を打ち消すような別の覚書もないことから、契約に経済的実態はあると判断できます。

### ⑤ 対価を回収できる可能性が高いか？

　当社は売掛金の回収年齢表で与信管理をしており、Ａ社の支払状況を

確認する限り信用不安はありません。よって、対価を回収できる可能性が高いと判断できます。

### ⑥ 解約条項

取引基本契約書では、完全に未履行の状況で何ら補償なく契約を解約することは認められていません。よって、会計基準22項の解約条項の要件も満たさないと判断しました。

### 結論

以上の検討の結果、A社からの注文は収益認識の検討対象となる契約として識別しました。

## 4. 契約の結合 フローチャート

### (1) 解説

契約の結合を簡単にいうと、複数の契約を1つの契約とみなして収益認識の検討を進めていくことをいいます。会計基準で契約の結合を規定しているのは、27項ただ1つですが、要件がいくつかあるので、フローチャートで解説します。

27項では「いずれかに該当したら」と書かれているので、3つの要件を順番に検討していきます。なお、3つの要件へ入る前に冒頭の文章にも2つの要件があるのでそれも含めると、実質的に要件は5つです。冒頭の2つの要件を満たした上で、3つの要件の検討へ進むという流れです。

第1章
第2章
第3章
第4章
第5章
第6章
第7章
第8章
第9章
第10章
第11章
第12章
第13章
第14章

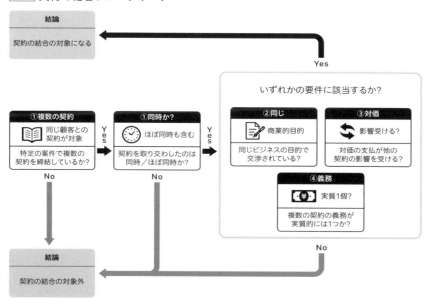
図24 契約の結合フローチャート

## ① 冒頭の規定 会27

### 同じ顧客と取り交わした複数の契約

　契約の結合では同じ顧客との契約であることが前提条件になります。なお、「同じ顧客」には関連当事者も含みます。

### 同時又はほぼ同時に

　複数の契約を取り交わした時期がかなり異なっていると、「実質1つの契約」というには無理があります。なので「同時又はほぼ同時に」も要件になっています。

## ② 3つの要件

### 同一の商業的目的 <u>会27⑴</u>

同一の商業的目的は、異なる契約ではあるけれど同じ目的で契約が取り交わされていることを求めている要件です。同じ目的の契約なら実質は1つの契約ではないかという発想です。

### 支払対価の金額が他の契約の価格又は履行により影響を受ける <u>会27⑵</u>

代金の金額や支払が、他方の契約の金額や約束を果たしたか否かで影響を受ける関係にあることを求めている規定です。

### 複数の契約で約束した商品が実質1つの履行義務である <u>会27⑶</u>

契約が2つに分けられているだけで、両者をセットで見ると1つの「別個の商品（＝履行義務）」であることを求める要件です。

## (2) あてはめ

それでは、実際の取引例にあてはめてみましょう。

図25 契約の結合のあてはめ

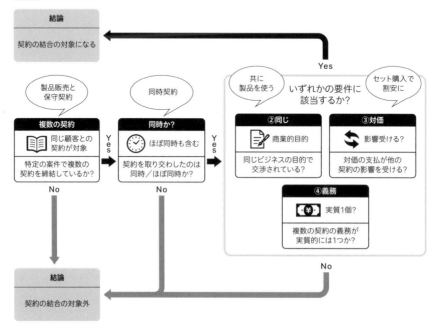

（解説）

以下を前提に解説します。

● 製品の販売時に同時契約すると割安になる保守サービスの契約。

## ① 冒頭の規定

### 同じ顧客と取り交わした複数の契約

製品の販売と保守サービスは同じ顧客との同時契約のセット販売なので、この要件は満たします。

40

## 同時又はほぼ同時に

　同時契約のセット販売なので、この要件も満たします。

## ② 3つの要件
### 同一の商業的目的

　製品の販売と保守サービスは、共に「製品を使う」ということを目的に一体とした販売促進のために交渉する契約ですから、この要件を満たします。

### 支払対価の金額が他の契約の価格又は履行により影響を受ける

　セットで購入すると保守サービスの代金が割安になるので、この要件にも該当します。

### 複数の契約で約束した商品が実質1つの履行義務である

　上記の前提条件だけでは、「実質1つの履行義務」とは判定できません。

## ③ 結論

　しかしながら、冒頭の2要件を満たした上で3つの要件のうち2つを満たしているので、製品の販売契約と保守サービスの契約は契約の結合対象となります。

## 5. 契約の変更の会計処理

　元の契約の権利義務関係を変化させたり、新しく生じさせることを契約の変更といいます。会計基準では、契約の範囲・価格の変更の合意を

していることが求められています。

　契約の変更では以下の3＋1のパターンの会計処理が定められています。

## ⑴ 独立した契約として処理 会30

　元の契約には影響させずに、契約変更の収益認識をする方法です。会計基準30項の2つの要件を共に満たしたら行う処理です。例えば、元の契約が120個@20千円で販売する約束だとします。100個引き渡した時点で契約変更がされて、追加で30個追加する代わりに追加分は@21千円で売る契約です。残りの20個@20千円と追加30個@21千円は互いに影響させずに収益認識の処理をします。別契約で追加的に商品を買った場合と取引実態が同じだからです。

図26 想定される場面と会計処理

## ⑵ 元の契約を解約して新しい契約を結んだと仮定して処理 会31⑴

### ① 想定される場面

　⑴と同じく元の契約が120個@20千円で販売する約束だとします。100個引き渡した時点で契約が変更されたケースです。例えば30個追加する代わりに追加分は@21千円で売るという契約変更です。

## ② 会計処理

　まだ売上になっていない取引価格と契約の変更に伴って増えた取引価格が、今後売上処理をする対象の金額です。例えば、元の契約の未引渡分20個@20千円と追加分30個@21千円で平均単価を計算します。つまり、契約変更された後は元の契約の未引渡分も含めて、@14千円で売る仕訳をすることになります。

図27 想定される場面と会計処理

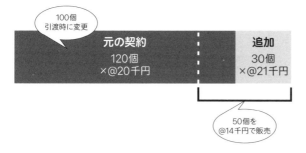

## (3) 契約変更は元の契約の一部と仮定して処理 会31(2)

### ① 想定される場面

　顧客仕様のソフトウェアを開発している途中で、顧客から仕様変更のリクエストをされた場面が典型例です。当契約は「一定の期間」に該当し、進捗度に応じて収益を認識しているとします（取引価格100千円、進捗度：30%）。

### ② 会計処理

　取引価格と進捗度が変わるので、計算し直した取引価格に進捗度をかけた計算結果と、既に計上済みの売上との差を当期の決算に取り込みます。過去の売上を修正しない理由は、元の契約を結んだ後の新事実・状

43

第1章
第2章
第3章
第4章
第5章
第6章
第7章
第8章
第9章
第10章
第11章
第12章
第13章
第14章

況の発生ですし、新しい商品を提供するわけではないからです。例えば契約変更に伴って取引価格が120千円となり、進捗度を計算し直した結果28%になったとします。すると収益の金額が、変更前の30千円と変更後の33.6千円で差が出ます。この差額3.6千円を契約が変更された期間の収益として調整するイメージです。

図28 想定される場面と会計処理

(4) 混在している場合の会計処理　会31(3)

　実務では、別個のものと別個ではないものが混在しているようなケースも出てきます。そのようなケースでは、別個のものについては5.(2)で、別個ではないものについては5.(3)で会計処理をします。つまり、混在し

図29 想定される場面と会計処理

44

ているなら分けて処理をしましょうという発想です。

## 6. 契約の変更の判定フローチャート

### (1) 解説

　ここまでの知識をふまえながら、契約の変更のフローチャートを解説します。

図30

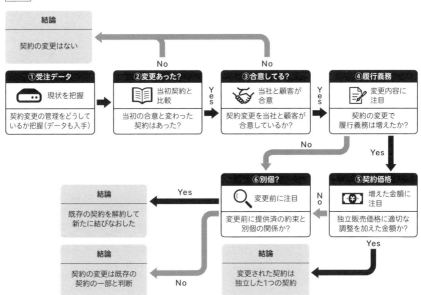

### ① 受注データを入手

　受注データを手に入れることからはじめます。何らかの形で受注データを販売管理システムで管理しているはずなので、まずは契約変更の管理をどうしているかの把握からスタートです。単に質問するだけでなく、

CSVデータなどの分析可能な情報を手に入れておくとその後の状況確認も深いレベルで進めていけますし、関連部署への質問を省略することもできます。

## ② 契約の変更はあったか？

　データを分析する過程で、契約が変更されたらデータ上どのように表示されるのかを把握します。なお、契約が変更された場合に主に想定される処理方法は2つあります。1つ目は旧データをそっくり書き換える方法で、2つ目は新旧データの差を追加で受注入力する方法です。どのような処理がされているのかを確かめつつ、データから「契約の変更」の情報を集めます。

## ③ 契約の変更を合意しているか？ 会28 会29

　契約の変更として扱うには「変更を自社と顧客が合意していること（＝承認）」も必要です。仮に、範囲だけが変更されて、価格はまだ決まっていない場合は、変動対価の考え方を使って見積ります。

## ④ 履行義務は増えたか？ 会30⑴

　履行義務単位で収益認識の検討をするので、契約の変更に伴って履行義務が増えて契約の範囲が広がったのかを検討します。

## ⑤ 契約価格はどうなったか？ 会30⑵

　契約が変更されたら取引価格も変わる可能性があります。④で履行義務が増えた場合、「独立販売価格に特定の契約の状況に基づく適切な調整を加えた金額」だけ取引価格がアップする必要があります。難しい用語ですが、要するに増えた履行義務に見合った最新の独立販売価格分

だけ受け取れる代金が増えていることを求めている規定と思われます。「独立販売価格に特定の契約の状況に基づく適切な調整を反映した価格」になっていなければ、契約変更は「独立した契約」の要件を満たさないという判断結果になります。

## ⑥ 別個か？ 会31(1)(2)

契約変更前に提供が済んでいる約束と、まだ済んでいない約束の関係を問うている要件です。

## ⑦ 混在している時は？ 会31(3)

別個のものについては5.(2)で、別個ではないものについては5.(3)で会計処理をします。

第1章
第2章
第3章
第4章
第5章
第6章
第7章
第8章
第9章
第10章
第11章
第12章
第13章
第14章

## ⑵ あてはめ その1

それでは、実際の取引にあてはめてみましょう。

図31 契約の識別のあてはめ

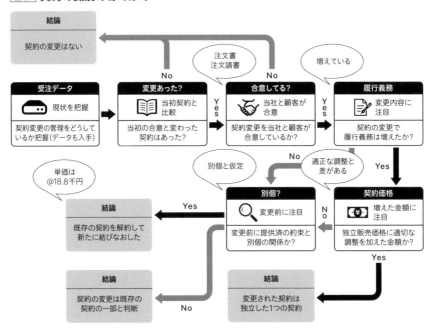

（解説）

以下の前提条件を例に解説します。

- 元の契約：製品240個を＠20千円で受注。
- 契約変更：100個引き渡した時点で60個追加（＠16千円で販売）
- 独立販売価格に特定の契約の状況に基づく適切な調整を反映した価格：変更前後とも＠20千円

### ① 契約の変更を合意しているか？

　追加で取り交わした注文書及び注文請書で契約の変更内容と価格が示されていますので、契約の変更を合意しています。

### ② 履行義務は増えたか？

　そうすると、残りの製品は140個から200個へ増えているので履行義務は増えています。

### ③ 契約価格はどうなったか？

　契約の変更で@16千円になっていますが、独立販売価格に契約の状況に基づく適切な調整を反映した価格は@20千円なので、両者に差があります。

### ④ 別個か？

　既に引き渡した100個と残りの140個＆追加の60個は別個の関係にあると仮定します。

### ⑤ 会計処理

　判定の結果、「既存の契約を解約して新しい契約を締結したものと仮定して処理する」に該当しました。よって、契約変更後は以下の計算式の通り、@18.8千円で収益を認識することにしました。

Ａ：140個×@20千円＝2,800千円

Ｂ：60個×@16千円＝960千円

（Ａ＋Ｂ）÷200個＝@18.8千円

## ⑶ あてはめ その2

　実際の取引例のあてはめを、もう1つみてみましょう。

図32 契約の変更のあてはめ

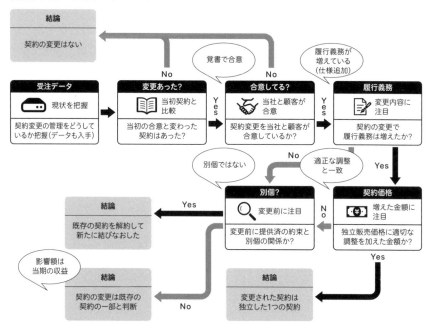

（解説）

　以下の前提条件を例に解説します。

- 売主はN社仕様のソフトウェア開発契約を受注。
- 開発途中でN社から仕様変更のリクエストがあったので覚書で契約を変更した。
- 変更前：取引価格200千円　進捗度30%
- 変更後：取引価格240千円　進捗度28%

## ① 契約の変更を合意しているか?

覚書で契約変更の合意をしているので該当します。

## ② 履行義務は増えたか?

変更前のソフトウェアから仕様が追加されているので、履行義務は増えています。

## ③ 契約価格はどうなったか?

契約変更により増額された金額は、独立販売価格に契約の状況に基づく適切な調整を反映した価格と仮定します。

## ④ 別個か?

当契約は1つの履行義務なので、仕様変更の契約変更は既に提供された部分と相互に関連します。よって、別個の関係にはないと判断しました。

## ⑤ 会計処理

以上をふまえた判定の結果、契約の変更を「既存の契約の一部」として取扱います。契約変更に伴って収益の金額が、変更前の60千円と変更後の67.2千円で7.2千円差が出たので、その7.2千円を当期の収益に含めて修正処理しました。

## 7. 代替的な取扱い

契約の識別について適用指針では契約の変更について例外規定を設けていて、以下の取扱いが定められています。

## (1) 適用指針92項

元の契約に比べて重要ではない契約変更が行われたケースです。

契約変更に伴って商品が増えた場合に、5.で紹介した３つの方法のどれかを使えばいいという規定です。

図33 契約の識別の代替的な取扱い

## (2) その他の規定

契約の結合の例外規定（＝契約を結合しない）が101項で定められていて、契約が実質的な取引単位であるなどの要件が求められています。また、工事契約や受注製作のソフトウェアについても、契約の結合の例外規定があります（102〜103項）。原則的な処理との契約を結合した処理の差に重要性が乏しいなら、異なる顧客・異なる時期に結んだ契約でも契約の結合が可能というものです。

## 8. 会計基準や適用指針の構成

ステップ1の契約の識別は３つのトピックを扱っているので、３つのトピック別に会計基準や適用指針の構成を紹介します。

## (1) 契約の識別

### ① 中心の規定

　会計基準19項で5つの要件（当事者が義務を約束・権利がわかる・支払条件がわかる・経済的実質がある・代金を回収できる可能性が高い）が定められているので、契約の識別の検討は19項をベースに行います。なお、解除条項について定めた「完全に未履行の契約の解約」は22項で定められているので、こちらも合わせて確認が必要です。適用指針では特に規定はありませんが、設例2であてはめ事例が紹介されています。

### ② その他の規定

　口頭や取引慣行も契約の識別対象となりうることを示した規定が、会計基準20項にあります。

## (2) 契約の結合

　契約の結合は会計基準27項で規定されています。長くはない規定でパッと見た印象では3つの要件ですが、よく見ると冒頭文にも2つの要件が隠れているので、検討では注意が必要です。

## (3) 契約の変更

　契約の変更では3＋1つの会計処理（①独立した契約、②元の契約を解約して新契約を締結、③元の契約の一部、④②と③が混在）が示されていますが、それぞれが定められている条文は以下の通りです。なお、設例3と設例4で事例へのあてはめ方が示されています。また、契約の変更については前述7で紹介したように例外規定が定められているので、実務での判定の際は合わせて確認が必要です。

### ① 独立した契約として処理

　会計基準30項で定められていて、2つの要件（履行義務の追加・独立販売価格を調整した金額だけ価格増）が示されています。

### ② 既存の契約を解約して新しい契約を締結と仮定

　会計基準31項で定められていて、取引価格に変更があった場合の取扱いが(1)で示されています。

### ③ 既存の契約の一部と仮定

　同じく会計基準31項で定められていて、取引価格や進捗度に変更があった場合の取扱いが(2)で示されています。

### ④ 混在するケース

　会計基準31項で定められていて、取扱いは(3)で示されています。

図34 主な会計基準や適用指針の構成 ── 契約の識別編

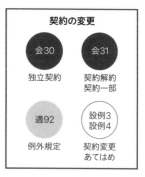

## 9. 契約の識別の注意点

### (1) どのタイミングで契約になるのか?

　契約書や注文書を会計基準19項にあてはめていくよりも前に、問い合わせ→メール／電話→注文といった時系列のどのタイミングで5つの要件を満たすのかを検討します。どこかのタイミングで商品を作りはじめたりするなど、顧客への商品の提供準備をはじめているはずです。そのタイミングで、売主は「受注した（＝合意が成立した）」と考えている証拠にもなります。

### (2) 口頭の合意を実務でどう運用するか?

　実際の取引では、軽い打診レベルの問い合わせからはじまり、メール、そして公式文書（契約書・注文書）など、顧客と様々な情報のやりとり・問い合わせをします。そんな問い合わせも、契約の5つの要件に該当するかを検討します。会計基準で「口頭でも契約識別の対象」と書かれているからです。一方で口頭やメールは、売上を会計帳簿へのせるタイミングを決める「収益認識」の根拠情報としては証拠力が弱いという側面もあります。ですから、収益認識会計基準の導入にあたっては、口頭・メールを契約と認定して、販売実務が回るのかも検討し、場合によっては販売業務の整備が必要です。担当者から「口頭で合意しました」といわれても全く証拠がないので、文字通り口頭だけでは実務で運用に適していないからです。収益認識の検討対象にするということは販売管理システムへ取り込む対象にするという意味でもあるので、口頭での受注を何らかの形の文書に残すルールを整備するのが望ましいと思います。

## (3) 契約の解約

　あまり目立ちませんが、契約の識別の5つの要件の検討に合わせて契約の解約に関する規定も検討は欠かせません。具体的には、まだ商品の提供が完了していない段階で補償なく契約を解約できるのなら、契約の識別対象にはならないという考え方です。

図35 契約の識別の注意点

いつ契約?

受注業務のどの段階で
契約を識別するか?

口頭の合意

受注業務へどう落とし込むか?
（主に証拠力の維持）

解約

完全に未履行の契約の
解約規定を確認

## 10. ポジションペーパーのチェックポイント

### (1) 契約の識別

　契約の識別のトピックはいくつかありますが、やはり契約の識別（＝5要件のあてはめ）が一番のトピックですから、ポジションペーパーの作成では欠かせません。なお、ポジションペーパーは、主なトピックの会計処理について、会計基準などをふまえた自社の考え方を示したものをいいます。具体的には会計基準19項で列挙されている5つの要件と22項で書かれている「完全に未履行の契約の解約」について、例えば契約書や注文書などをあてはめて検討していく形で記載していきます。なお、5つの要件については注文書である程度カバーできますが、解約については取引基本契約書の方で触れている可能性があります。ですから、ポジションペーパーの作成にあたっては注文書だけでなく、取引基

本契約書も合わせて確認をおすすめします。

## (2) 契約の結合

　2つの視点でポジションペーパーを作成します。1つ目は会計基準27項の3つの要件（＋2つ）へあてはめる作業で、2つ目は契約の結合の情報が販売管理システムでどのように把握できるのかをポジションペーパーへ書き込む作業です。例えば、契約結合のフラグや枝番による管理などが考えられます。ポジションペーパーは主に監査人との協議で使うとはいうものの、書いたら終わりではありません。収益認識会計基準の適用が始まったら、契約の結合対象の情報を各四半期の決算で把握する必要があります。もしフラグや枝番があれば、ExcelやCSVデータを加工することで、比較的簡単に収益認識の決算作業を進めることができます。また、ポジションペーパーは監査人の検証作業を伴いますので、監査人自身の検証にも役立ちます。

## (3) 契約の変更

　会計基準30項の2つの要件（履行義務の追加・独立販売価格を調整した金額だけ価格増）や会計基準31項の要件（別個の関係にあるか否か）にあてはめる形でポジションペーパーを書いていきますが、それに加えて「販売管理システムへどのように入力しているか?」という視点も書いておくほうが、後々の業務に役立ちます。例えば、「変更後の契約については注文一覧で枝番が付いている」などの一文をポジションペーパーへ入れておくと、日常業務や決算でデータを拾いやすくなりますし、監査対応でも役立ちます。

**ポジションペーパーのチェックポイント**

| 契約の識別 | 契約の結合 | 契約変更 |
|---|---|---|
|  |  |  |
| 会19項や22項を契約書や<br>注文書であてはめ | 要件あてはめ<br>情報収集手段 | 要件あてはめ<br>情報収集手段 |

# リクエストされた資料は
# 消し込み管理すべき？

　「○○の資料をまた監査人から依頼された！」といった経験をされたときは、「監査人が資料を消し込んでほしい」といった感情もわいたと思います。では、資料の消し込みは会社側ですべきなのでしょうか？　間に入る会社の経理の方は、いろんな部署にお願いをして資料を出してもらいます。嫌がられることもあるでしょうから、資料の数は減らしたいところです。ですがここでは敢えて「資料の消し込みは会社でする」をお勧めします。「それは既に提出しました」この一言はかなり効果があります。筆者も経理の方に指摘された経験がありますが、その後の資料の依頼へブレーキがかかった記憶があります。一方で、事実確認もせずに「既に提出済」を連発すると効果はなくなりますし、中には大雑把な監査人もいるので、監査人側に自主的な資料の消し込みを期待すると、思うに任せずストレスになることもあります。もちろん、監査人側での自主的な資料消し込みを遮る必要はありませんが、面倒であっても「提出資料の消し込みは会社側で」をお勧めします。

図37 資料の消し込み管理

**背景**

監査では様々な資料の
提出をリクエストされる

**会社側の希望**

依頼資料の数を
極力減らしたい

**解決策**

消し込み管理を会社側で
重複リクエストは指摘

第4章

ステップ2

履行義務の識別

## ステップ2 履行義務の識別

　ここからは、収益認識のステップ2の「履行義務の識別」へ入っていきます。本章は、売上の仕訳・金額・時期につながる重要なトピックです。

### 1. 履行義務って何？

#### (1) 別個って何？

　簡単にいうと「売上の仕訳の単位を決める物差し」みたいな役割を果たします。別個の意味は辞書的には「他と切り離された別のもの」ですが、これを収益認識の視点で見ると「ひとまとめにして収益認識の検討をする必要がある最小単位」というイメージになります。

#### (2) 履行義務とは

　履行義務とは、別個の要件を満たす約束※の集合です。例えば1つの契約に3つの約束A、B、Cがあったとします。このうちAとBは別個ではないけれどCは別個の関係にある場合、AとBは1つのまとまりとして扱います。この「収益認識を検討する最小単位」のことを、「履行義務」といいます。なお、履行義務は取引開始日に判定します。

※約束：（自社の）財又はサービス

図38 履行義務って何？

別個とは

他と切り離された別のもの

収益認識的には

売上の仕訳の最小単位

## (3) 3つの履行義務と収益認識の単位

会計基準では履行義務を3種類に分けています。

図39 3つの履行義務

1つ

1つの商品で
1つの履行義務になる

束

複数の商品で
1つの履行義務になる

一連

複数だけど
同じ内容の商品

### ① 別個の財又はサービス

顧客との契約で取り交わした約束1つで履行義務になるパターンです。
(2)の例を使うとCのことを指しています。

### ② 別個の財又はサービスの束

複数の約束の集合で別個の要件を満たすパターンです。(2)の例でいう
とAとBのことを指します。

### ③ 一連の別個の財又はサービス

例えば3ヶ月間毎日オフィスを清掃するサービスのように、複数の約

第1章
第2章
第3章
第4章
第5章
第6章
第7章
第8章
第9章
第10章
第11章
第12章
第13章
第14章

束の集合だけど特性や提供パターンがどれも同じ約束のパターンです。別々の約束として処理するメリットが乏しいので、1つの履行義務として扱います。

## 2. 履行義務と収益認識の関係

　履行義務が収益認識を検討する最小の単位になります。つまり1つの契約に3つの履行義務があれば、3つの履行義務それぞれについて、売上はいくらなのか、売上をいつ会計帳簿へのせるのかという検討をすることになります。裏を返すと、履行義務の単位次第で売上の金額や時期が前後してしまうので、会計基準では要件を定めています、詳しくは「3.」で解説します。

## 3. 履行義務の識別フローチャート

### (1) 解説

履行義務の識別のフローチャートは以下の通りです。

図40 履行義務の識別フローチャート

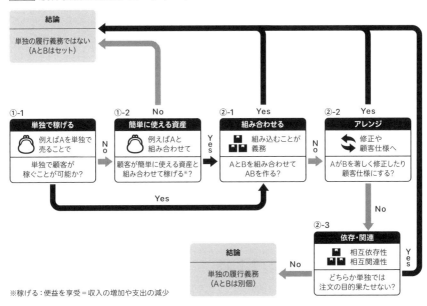

それぞれが独立した履行義務と判定されるには、①で単独で稼げると判定された上で②のいずれの要件も該当しないことが求められています。

### ① 稼げる要件 会34(1) 適5

#### 単独で稼げる

1つの契約の中に複数の義務があるものの、片方だけ提供すれば顧客は使うなどの方法で稼げることを求める要件です。なお、会計基準では

「便益を享受」という用語が使われますが、「稼げる」という表現に言い換えて解説します。要するに会社へ収入の増加や支出の減少をもたらすものです。

**簡単に使える資産を使って稼げる**

　単独では稼げなくても、簡単に使える資産を使って稼げるのなら事実上「単独で稼げる」要件を満たすと考えます。簡単に使える資産の例としては、売主や他社が別に販売している場合や既に獲得している資産が該当します。「資産」がやや抽象的ですので、(2)のあてはめを見るとイメージできると思います。

## ② はっきり区別できない要件 会34(2)

　以下の３つの要件のどれにも該当しなければ、両方の約束は「はっきり区別できる」に該当します。ポイントは、約束Aを果たさなくても約束Bを果たせるかです。

## 組み合わせる（＝統合する） 適6(1)

　例えばオフィスビルの建設のような、内装や配管などを組み込んで一棟のオフィスビルを建設する業務のイメージです。確かに「内装」「配管」のような諸々の業務を提供しますがそれは最終成果物ではなく、組み合わせて1つの「オフィスビル」という成果物を建設します。会計基準ではこの例の「内装」「外装」のことをインプット、オフィスビルのことをアウトプットとよんでいます。つまりアウトプットを完成・提供するためにそれぞれのインプットを統合するという重要なサービスを提供しています。約束の最重要ポイントが、アウトプットへしっかり組み込むことにあるということです。

## アレンジ 適6(2)

　例えば白い画用紙に顧客の肖像画を描くようなイメージです。顧客は白い画用紙そのものを求めているのではなく、白い画用紙に描かれた肖像画（アレンジされている）を求めています。

## 相互依存性・相互関連性 適6(3)

　例えば顧客が5つの製品を使って1つの自社製品を作るようなケースです。この場合当社が4個だけ提供しても顧客にとって意味はなく、5つ全て揃って提供する必要があります。ポイントは、別々に提供できない関係にあるという点です。この場合、5つの製品は「相互依存性・相互関連性がある」ということになります。つまり、5つ提供しないとそれぞれの約束を果たしたことにならない、ということです。

## ⑵ あてはめ

それでは、実際の取引例にあてはめてみましょう。

図41

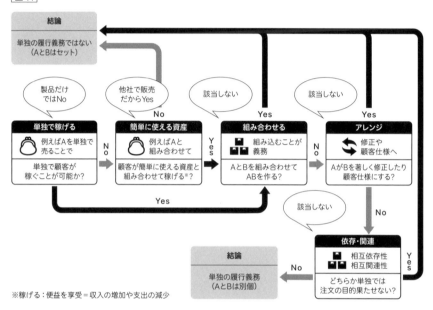

※稼げる：便益を享受＝収入の増加や支出の減少

（解説）

以下の前提条件を例に解説します。

● 製品の販売と据付を提供。

● 据付は他社でも提供可能な標準的なもの。

## ① 稼げる要件

### 単独で稼げる

製品を購入しただけでは事業で使えず稼げませんので、「簡単に使える資産」の検討へ進みます。

### 簡単に使える資産を使って稼げる

　売主が据付をしなくても据付業務は標準的なので、他社に据え付けてもらうことで製品を問題なく使えます。つまり、簡単に使える資産＝他社の据付業務ということです。ですから、①の稼げる要件は満たします。

### ② はっきり区別できない要件
### 組み合わせる（＝統合する）

　製品に何かを組み込むことは想定されていないので、この要件は該当しません。

### アレンジ

　製品と据付はお互いが他方をアレンジする関係ではないので、この要件は該当しません。

### 相互依存性・相互関連性

　製品も据付も、お互いが他方の機能に著しい影響を与えることは想定されていません。ですから、この要件にも該当しません。

### ③ 結論

　稼げる要件を満たし、しかも「はっきりと区別できない」のどの要件にも該当しないので、製品と据付は別個の商品（＝履行義務）と判断しました。

## (3) 注記事例の紹介

　続いて、有価証券報告書の注記から日立建機の事例を選んで、フローチャートでみてみましょう。

図42

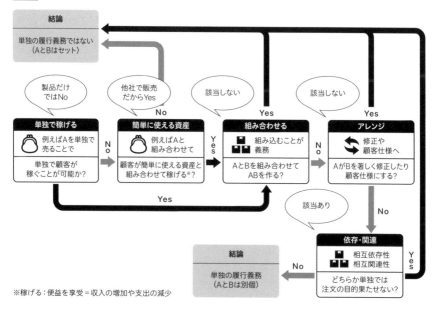

※稼げる：便益を享受＝収入の増加や支出の減少

（解説）

　以下の前提で解説します。解説は注記事例をもとにした筆者の推測です。

- 油圧ショベルの製品を顧客へ提供。
- 製造し出荷・配送する。
- 注記では「検収完了時に履行義務は充足される」と記載されている。
- 出典：日立建機2021年3月期有報92ページ

## ① 稼げる要件

### 単独で稼げる

　油圧ショベルは、日立建機が製造しただけでは顧客は製品を利用することはできません。

### 簡単に使える資産を使って稼げる

　油圧ショベルは大型の精密な機械なので業務の難易度はともかく、他社でも出荷・配送することは可能と思われます。よって、①の要件は満たしている可能性があります。

## ② はっきり区別できない要件

### 組み合わせる（＝統合する）

　油圧ショベルと出荷・配送業務はお互いを組み合わせる（＝統合させる）関係にはありません。

### アレンジ

　油圧ショベルと出荷・配送業務は、他方をアレンジしたり顧客仕様へ変更する等の関係にはありません。

### 相互依存性・相互関連性

　油圧ショベルの製造と出荷・配送は、顧客が求める機能を「製造」又は「出荷・配送」どちらか単独だけでは果たせず、それぞれを独立して移転することにより約束を履行できないという判断が背景にあると考えられます。

## ③ 結論

少なくとも②の要件で「はっきりと区別できない」という判定になるので、油圧ショベルの製造と出荷・配送業務はセットで1つの履行義務（＝別個の「財又はサービスの束」）と判断したものと考えられます。なお適用指針94項では、支配を獲得した後に行う出荷・配送活動は履行義務として識別しなくてもよいとの規定があります。詳細は不明なものの、検収時点で支配が移転しているとの日立建機の判断から、94項は適用していないものと考えられます。

## 4. 代替的な取扱い

ここでは、「代替的な取扱い」とよばれる例外的な規定をみてみます。

### (1) 履行義務の検討が不要 適93項

契約の視点からみて重要性が低いなら、約束が履行義務にあたるのかどうかを検討しなくてもいいという規定です。ただし、会計基準や適用指針ではどんな約束なら重要性がないのかまでは規定していないので、私見ですが「顧客は何をしてほしいか？」という視点から検討します。

### (2) 出荷及び配送活動 適94項

製品を作る業務と配送する業務はそれぞれ履行義務にあたるかを検討するのが原則ですが、支配が顧客へ移転した後の業務まで厳密に履行義務の判定はしなくてもいいという規定です。

図43 代替的な取扱い

適93項

重要性が低いなら
履行義務検討不要

適94項

支配獲得後の出荷配送活動は
履行義務にしなくていい

## 5. 会計基準や適用指針の構成

　ステップ２の履行義務の識別に関する会計基準・適用指針の構成は、以下のようになります。

### ⑴ 全体像

　別個の財又はサービスの規定は、前述の通り「単独で便益を享受（＝稼げる）」「他の約束と区分して識別（＝はっきり区別できる）」が会計基準34項で定められています。そして適用指針では、この２つの視点を５項と６項で実務上の判断基準を示しているという関係にあります。特に重要な規定になるのは適用指針６項で、他の約束と区分して識別できない３つの例を示しています。そして、実務的に判断が悩ましいという背景を想定してか、設例が２種類の合計６つ用意されています（設例5-1、5-2、6-1～6-4）。

### ⑵ 結論の背景にも重要な規定がある

　適用指針の後半部分の「結論の背景」にある適用指針112～114項は、目を通しておきたい規定です。これらの規定は履行義務の判定で論点になる適用指針６項の規定について「個々の財又はサービスの移転に係る

リスクを区分できない」「それぞれ独立して移転することにより履行できない」という考え方を解説する内容になっています。

図44 主な会計基準や適用指針の構成——履行義務の識別編

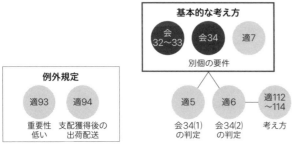

## 6. 履行義務の識別の注意点

### (1)「単独で稼げる?」の判定の視点

適用指針5項では主語が「顧客」になっているので、当社の事情ではなく顧客の視点から検討する必要があります。一方で、顧客が売主の商品をどのように使うのかは厳密には顧客にしかわかりません。ですから、(私見ですが)履行義務の判定では「一般的な顧客であれば、当社の商品Aの特性を考えると○○として使う」といった視点で判定を進めることになると思います。つまり、一般的な顧客なら当社の商品を購入したらどのような用途に使う可能性があるのかを、ある程度把握しておく必要があるということです。なお、履行義務の識別にあたっては、顧客特有の事情は考慮しない点に注意が必要です。

### (2) 統合する重要なサービス

適用指針6項(1)で示されている「重要な統合サービス」は、抽象的な

表現なのでイメージが掴みにくいと思います。理解するには、補足説明の適用指針113項を見ることをおすすめします。注目する文章は、適用指針113項の「約束の相当部分が（中略）アウトプットに確実に組み込むこと」という一文です。つまり、顧客にとって重要な価値があるのはインプットではなく、成果物のアウトプットであるということです。このような関係にある業務の具体例として、設例ではいくつか例を示しています。まず設例5−1では、設計や建設などがインプットで、病院がアウトプットと示しています。続く設例5−2では、複雑な特殊仕様の装置がインプットで、それらの複数のユニットがアウトプットと示しています。また、設例6−2では、ソフトウェアと大幅な新機能の追加のインストールがインプットで、統合されたソフトウェアシステムがアウトプットという判断例が示されています。

## (3) 相互依存性・相互関連性

　適用指針6項(3)で示されている「相互依存性・相互関連性」も、概念的な規定です。こちらも補足規定が適用指針114項にあるので、一読しておきたい規定です。注目する文章は「それぞれを独立して（中略）約束を履行することができない」という一文です。本書でもイメージを掴むための例をいくつか紹介していますが、「5個の製品を受注しているが、4個提供しただけでは顧客は製品を事業に使えない」というイメージを持っておくと理解が進むと思います。4個だけでは約束を果たせず、逆に1個だけでも約束を果たせない関係にあります。

図45 履行義務の識別の注意点

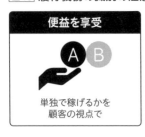

**便益を享受**

単独で稼げるかを
顧客の視点で

**統合する**

アウトプットへ
組み込むか?

**相互依存・関連**

それぞれを独立して
履行できない

## ⑷「単独で便益を享受できる」と「相互依存性・相互関連性」の違い

　会計基準34項(1)の「単独で便益を享受できる」と会計基準34項(2)の補足規定である適用指針6項(3)の「相互依存性・相互関連性」は、抽象的なこともあって違いがわかりにくいです。そこで、以下で違いをお伝えしておきます。なお、以下では1つの契約に履行義務が2つ（AとB）があったとします。

### ① 単独で便益を享受できる

　A（又はB）単独で顧客が事業に使って稼げることを求める要件です。ソフトウェアライセンスとソフトウェアのアップデートの例がイメージしやすいと思います。ソフトウェアは、アップデートしてもしなくても使うことができます（＝単独で便益を享受できる）。

### ② 相互依存性・相互関連性

　A（又はB）単独で約束を果たすことができることを求める要件です。例えば、据付可能な機械Nの製造引渡しと消耗品Mの引渡しは、どちらか片方だけ約束を果たしても、顧客は機械Nを使うことができますし、消耗品Mも使えます。つまり単独で約束を（実質的には）果たせるので、相互依存性・相互関連性が高くないということです。一方で、ソフ

トウェアライセンスと、売主だけが提供できる顧客仕様の大幅機能向上インストールサービスの契約は、相互依存性・相互関連性は高くなります。顧客が当契約で求めているのは大幅に機能向上した顧客仕様のソフトウェアをインストールしてもらうことですから、片方だけを提供することができないからです。セットで提供されてこそ、顧客が求める機能を発揮できます。

図46 違いのイメージ

## 7. ポジションペーパーのチェックポイント

　「収益認識＝ステップ5の検討さえすればいい」と思ってしまいがちですが、「履行義務の識別」はステップ5と並んで重要なトピックです。判定結果次第で、売上の金額が変わってくる可能性があるからです。

### (1) 会計基準34項(1)、適用指針5項(1)

　1つの契約の中に複数の約束（＝商品）が含まれている場合、複数の商品※を別々に提供しても、顧客がそれを単独で事業に使って稼げるのかという視点で検討します。この論点では、それぞれの商品の内容・特徴をベースにポジションペーパーに書いていきます。例えば、「ソフトウェアのライセンスの提供」と「アップデート」については、「アップ

デートされなくてもライセンスを使うことは可能」というような考え方です。

※商品：財又はサービス

## (2) 会計基準34項⑵、適用指針6項⑴

　「はっきり区別することは可能なのか?」を問う要件は3つあります。要件の1つ目は「インプット・アウトプットの関係にあるか?（＝統合する重要なサービスを提供しているか?）」です。顧客の求める商品が、インプット単独なのか、それともインプットを組み込んで作られたアウトプットなのかという視点でポジションペーパーを書いていきます。少なからず概念的なので、オフィスビル一棟と内装や電気工事を念頭に置いて会計基準を読むと、イメージがしやすいと思います。

## (3) 会計基準34項⑵、適用指針6項⑵

　はっきり区別することは可能なのかを問う要件の2つ目は、他方を著しく修正したり顧客仕様へ変更したものにするかどうかという視点です。本書では白い画用紙と肖像画を描く作業を例で示しましたが、この要件は適用指針6項の3つの要件の中でも比較的イメージしやすいと思います。

## (4) 会計基準34項⑵、適用指針6項⑶

　はっきり区別することは可能なのかを問う要件の3つ目は少なからず抽象的ですが、要するに「別々に商品を顧客へ提供して、顧客は事業で使えるか?」という視点で書いていきます。例えば当社しか製造をしていない特殊設備の据付は、業務の性質的に他社が据付することはできま

せん。ですから、設備だけ提供されても顧客は使うことができないので、製造と据付の業務の相互依存性・関連性は高いという判断結果となります。

図47 ポジションペーパーのチェックポイント

**単独で稼げる**

別々に提供しても
単独で稼げる

**インプット・アウトプット**

組み込んで
作られるか?

**著しく修正**

他方を修正したり
顧客仕様にするか?

**相互依存・関連**

別々に提供して顧客は
約束を果たせるか?

第1章
第2章
第3章
第4章
第5章
第6章
第7章
第8章
第9章
第10章
第11章
第12章
第13章
第14章

# 監査人の人柄を知る

　監査は担当する監査人の人柄によっては心地よく進むことも
あれば、うまく進まずモヤモヤすることもあります。ですから
監査対応では、「監査人の人柄を知る」ことが意外に優先順位
の高い作業です。簡単に分類はできませんが、監査人の人柄
を2パターンに分けるとイメージしやすいと思います。1つ目
は「話をよく聞く繊細な方」です。察しがいいので、コミュニ
ケーションを密にとって、主張をある程度伝えるのが得策です。
2つ目は「細かいことは気にしないマイペースな方」です。自
分のペースで業務を進めるので、腹を立てて怒っても柳に風で
効果はありません。ですから、上席の監査人だったり場合によ
っては監査法人の審査部門へコンタクトの依頼をするなど、会
社側が主導的に動く姿勢が重要となります。ただし監査人に臍
を曲げられると具合が悪くなるので、約束した期限を過ぎても
対応してもらえなかったら、監査人の頭越しで物事を進めるの
が大人の対応です。場合によっては、メールでリクエスト内
容と依頼日を証拠として残しておくのもいいかもしれません。
「振る舞いは柔らかく、でもしたたかに」がポイントです。

図48 監査人の人柄を知る

| 人柄を知る | 繊細な方 | マイペースな方 |
|---|---|---|
| さりげに優先順位の高い作業 | コミュニケーションを密に取る | 会社側が主導的に動く |

第 5 章

ステップ 3

取引価格の算定

## ステップ3 取引価格の算定

### 1. 取引価格の4つの要素

　取引価格を簡単にいうと、顧客へ商品を提供する見返りに受け取ると見込まれる売上代金のことをいいます。売上の仕訳の金額面を決めるトピックが取引価格で、ステップ3とステップ4で検討します。第5章で解説するのはステップ3で、会計基準では4つの要素が取引価格にどのような影響を与えるかの検討を求めています。

### (1) 変動対価

　簡単にいうと、仕訳をする時点で金額が決まっていない売上代金のことをいいます。ただし金額が決まっていないからといって仕訳をしないというわけではなく、2つのステップを経て収益認識の仕訳をします。詳しくは第6章で解説します。

### (2) 重要な金融要素

　売上代金の支払を通常よりも長い期間待つ場合に、利息的なお金も含めて売上代金を受け取ることがあります。売上は商品やサービスを売った代金ですから、支払いを長期間待つことで得られる利息的な収益は分けて損益計算書へのせるべきです。これを受けて会計基準では「重要な金融要素」という考え方を採用して、取引価格に重要な金融要素が含まれているのなら、それを除外して売上の仕訳の検討へつなげていくことを求めています。

## ⑶ 現金以外の対価

　商品を売った代金をいつも現金で受け取れるとは限りません。いわゆる交換取引のように、モノが代金になることもあります。このような取引では、会計基準は受け取ったモノに注目して取引価格を決めることを求めています。つまり、受け取ったモノの時価が取引価格になります。

## ⑷ 顧客に支払われる対価

　商品を売ったらお金の流れは「顧客→売主」ですが、実務ではお金の流れの矢印が逆になることもあります。このように売主→顧客になる場合では、会計基準は2パターンに分けて会計処理することを求めています。1つ目がクーポンやリベートなどのケースで、これは実質的に取引代金の一部減額と捉えます。2つ目は「顧客から商品を買った」ケースです。この場合は元の取引とセットで考える必要性がないので、元の取引とは別に仕訳の検討をします。

図49 取引価格の４つの要素

| 変動対価 | 重要な金融要素 | 現金以外の対価 | 顧客へ支払う |
|---|---|---|---|
| 固定対価とは違ったルールを経て仕訳へ | 支払まで長期間待つ時は対価に利息を含む | お金以外のモノを受け取る | 通常のお金の流れとは逆の場合の取扱い |

## 2. 取引価格の算定フローチャート

### (1) 解説

　以上の4つの要素をふまえて、取引価格をどのように計算するのかをまとめたフローチャートは以下の通りです。

図50 取引価格の算定フローチャート

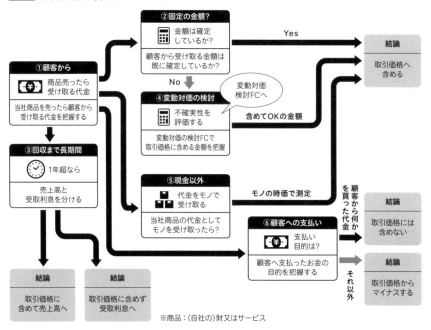

※商品：(自社の)財又はサービス

### ① 顧客から受け取る代金を把握

　顧客との取引で出てくる代金の情報の把握から始めます。

### ② 固定の金額か？ 会48(1)

　続いて商品の代金が固定なのか変動なのかを確かめます。固定の金額

であればその金額が取引価格となりますが、一方で将来の状況次第で金額が変動するのであれば「変動対価」と判定され、④の検討手続を経て取引価格へ含めます。

### ③ 利息は含まれる？ 会48(2)

顧客から受け取る代金に利息的な意味合いのお金が含まれているかを確かめます。会計基準では、売ってから代金の支払いを受けるまでの期間が1年を超えていたら、「重要な金融要素あり」と判定し、受取利息相当分を除外した上で取引価格を計算することを求めています。

### ④ 変動対価の検討は？ 会50 会51 会54

顧客から受け取る代金が変動する可能性がある場合、会計基準では2つの手続きを経て取引価格へ含めます。1つ目が変動対価の金額を見積計算する作業で、会計基準では「最頻値法」「期待値法」の考え方が示されています。2つ目は、将来どうなる可能性が高いのかの検討です。これは「不確実性の評価」という作業で、将来的に金額が確定したときに収益が大きく減額されない範囲で取引価格へ含めます（＝変動対価の見積りの制限）。つまり、実績が出たときにいくらになりそうかを、ある程度の精度で見積っておく必要があり、その金額を取引価格へ含める（＝収益認識する）ことになります。

### ⑤ 現金以外の対価は含まれる？ 会48(3)

商品販売の代金としてモノを受け取った取引があればそのモノの時価を把握し、当金額が取引価格になります。

## ⑥ 顧客への支払いはあった？　会48⑷

通常の支払いの流れとは逆に顧客から売主へ支払いがあった場合は、支払目的を把握します。顧客から商品を購入した代金なら検討は不要で、それ以外の場合は取引価格からマイナスします。

## (2) あてはめ

それでは、実際の取引例にあてはめてフローチャートをみましょう。

図51

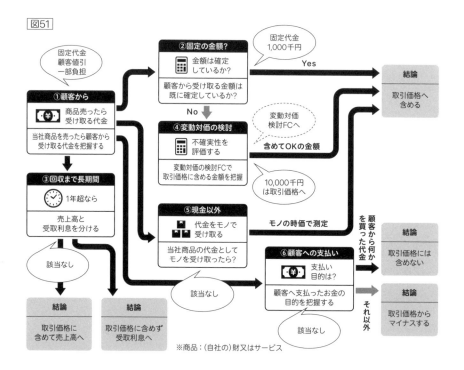

※商品：（自社の）財又はサービス

（解説）

以下の前提で解説していきます。

● 顧客へ商品10個を1,000千円で販売した。

- 顧客が消費者へ販売する製品1,000個を20,000千円顧客へ販売した。
- 顧客が消費者へ値引きする金額の一部を負担する約束をしている。
- 値引見込金額は期待値法で見積る。
- 売上代金の支払いは顧客への販売から３ヶ月後である。

### ① 顧客から受け取る代金を把握

固定代金1,000千円と変動対価20,000千円（返金負債含む）です。

### ② 固定の金額か？

固定の売上代金1,000千円が該当します。

### ③ 利息は含まれる？

売上代金の回収期間が３ヶ月なので、重要な金融要素は含まれません。

### ④ 変動対価の検討は？

変動対価20,000千円が該当し、期待値法で見積った結果12,000千円となりました。著しい減額の可能性による変動対価の見積りの制限を評価した結果、10,000千円を取引価格へ含めることとしました。

### ⑤ 現金以外の対価は含まれる？

該当なし

### ⑥ 顧客への支払いはあった？

該当なし

第1章
第2章
第3章
第4章
第5章
第6章
第7章
第8章
第9章
第10章
第11章
第12章
第13章
第14章

**結論**

　固定代金1,000千円と変動対価10,000千円の合計11,000千円を取引価格に含めて収益を認識しました。

## ⑶ 注記事例の紹介

　続いて、有価証券報告書の注記から、リコーの事例を選んでフローチャートでみてみましょう。

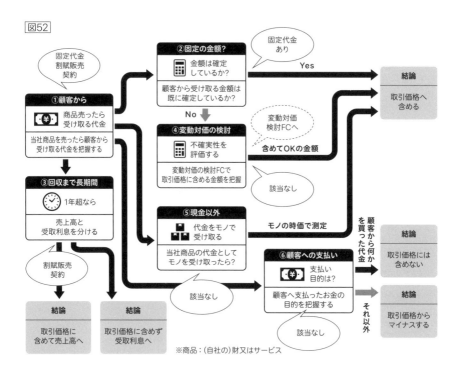

図52

※商品：(自社の)財又はサービス

（解説）

　以下の前提で解説します。解説は注記事例をもとにした筆者の推測です。

- 顧客へ製品を販売した（固定代金：○○百万円）
- 顧客とは割賦販売契約を締結した
- 出典：リコー2020年3月期有報157ページ

## ① 顧客から受け取る代金を把握

固定代金○○百万円

## ② 固定の金額か？

固定代金○○百万円が該当します。

## ③ 利息は含まれる？

注記の記載から1年超の利息が含まれることが把握できます。

## ④ 変動対価の検討は？

該当なし

## ⑤ 現金以外の対価は含まれる？

該当なし

## ⑥ 顧客への支払いはあった？

該当なし

## 結論

固定代金○○百万円から金融要素を除外した金額で、売上高を会計帳簿へのせました。

## 3. 会計基準や適用指針の構成

　ステップ3の取引価格の算定では、4つの要素がそれぞれ規定されているので、それらの会計基準や適用指針の構成を紹介します。

### (1) 全体像

　取引価格のトピックの全体像を紹介した規定が、会計基準46〜49項にかけて定められています。このうち、4つの要素とその規定の場所を示しているのが48項です。ですから、会計基準48項を見れば、4つの要素の規定がどこで定められているのかがひと目で把握できます。

### (2) 4つの要素別の全体像

#### ① 変動対価

　会計基準50〜55項にかけて規定があります。50項で変動対価の定義が示された後、51項で変動対価の見積計算の仕方が規定されていて、ここで最頻値法と期待値法（＝加重平均法）が示されています。続いて53項では返金負債の考え方が紹介されており、54項では変動対価の重要トピックである「不確実性の評価」（＝変動対価の見積りの制限）が定められています。適用指針では23〜26項で定めがあり、変動対価の例示が適用指針23項で示されています。このほかにも重要トピックの「不確実性の評価」（＝変動対価の見積りの制限）について、どんな要因を検討する必要があるのかについては、25項で5つ例が示されています。実務的に悩ましい変動対価は設例が4種類の合計5つ設けられていて、変動対価の見積り方は設例10で示されています。また、同じく実務でよく出てくる返品は設例11で事例とともに仕訳例が示されていて、価格の引下げや値引きの検討の進め方や仕訳例は設例12−1・−2と設例

13で示されています。

## ② 重要な金融要素

重要な金融要素を簡単にいうと、お客さんの支払いを長期間待つ見返りに受け取る追加のお金のことで、利息的な意味があります。会計基準57項で取引価格に金利相当額（＝金融要素）が含まれていたら、金利相当分は売上の集計対象から除外する旨の規定があります。そして、重要な金融要素があると判断する指針として、会計基準58項では商品※を顧客へ移転する時点と顧客が支払う時点との間が1年以内なら、重要な金融要素は調整をしなくてもよいと定められています。つまり、調整対象期間は「1年超」の場合に限定されているということです。適用指針では27～29項に規定があり、金融要素が契約に含まれるか・重要かどうかの検討ポイントが適用指針27項で示されています。その上で、重要な金融要素を含まない例も28項で3つ示されていて、その中には「対価が売上高に基づくロイヤルティ」も含められています。

※商品：財又はサービス

## ③ 現金以外の対価

会計基準59～62項にかけて規定があり、受け取ったモノの時価で評価する旨が59項で示されています。

## ④ 顧客に支払われる対価

会計基準63項と64項に規定があり、クーポンなどは取引価格からマイナスすることを求める規定は63項にあります。また、設例14でも顧客に支払われる対価の事例が仕訳例とともに示されています。

図53 主な会計基準や適用指針の構成──取引価格の算定編

基本的な考え方

会48

取引価格
4つの要素

変動対価

会
50〜55
適
23〜26
設例
10〜13

重要な金融要素

会
56〜57
適
27〜29
会58

要件と
計算
判定
例外

現金以外の対価

会59

時価評価

顧客に支払われる対価

会
63〜64
適30
設例14

具体例と
処理
あてはめ
仕訳例

## 4. 代替的な取扱い

　ステップ3の取引価格の算定については、代替的な取扱いの規定はありません。

## 5. 取引価格の算定の注意点

　決算や監査対応でトピックになるのはやはり変動対価ですので、第6章で注意点を解説します。

第1章
第2章
第3章
第4章
第5章
第6章
第7章
第8章
第9章
第10章
第11章
第12章
第13章
第14章

## 6. ポジションペーパーのチェックポイント

### (1) 4つの要素について

　4つの要素の有無をポジションペーパーで示しますが、単に有無をまとめるだけではなく根拠情報もあわせて書くと、後日の確認や監査対応でも役立ちます。4つの要素のうち、現金以外の対価は監査でもトピックになっているのであらためて強調する必要はないでしょうが、その他の3つについては例えば以下の資料が考えられます。

#### ① 変動対価

　大抵は契約書で具体的な計算根拠が示されているはずですので、計算対象の金額とあわせて把握します。詳しくは第6章で解説します。

#### ② 重要な金融要素

　売掛金の回収年齢表をみれば、1年を超える回収期間のものが把握できます。

#### ③ 顧客へ支払われる対価

　リベートやクーポンなどの金額は決算や監査でチェック対象になっているので、集計資料をみつつ契約書なども交えながら支払の性質を把握します。

### (2) 変動対価について

　変動対価は「不確実性の評価」を具体的にどうするのかが重要な論点です。具体的なポイントは第6章で解説します。

**図54 ポジションペーパーのチェックポイント**

| 4つの要素 | 変動対価 | 重要な金融要素 | 顧客へ支払う |
|---|---|---|---|
|  |  |  |  |
| 有無とともに<br>根拠情報も明らかに | 契約書なども添える<br>詳しくは第6章で | 回収年齢表など | 集計資料や<br>契約書を見ながら |

# 過去の話は効果あり？

　「以前OKって言ったのに」「今の処理にするよう指導したのは監査人では？」。そんな経験をされた経理の方は少なくないと思います。監査とはいえ会社と会社のお付き合いですし、監査人の指示を前提に社内で他部門や上司へ話を通しているので、経理の方にとって梯子はずしはかなりきついです。そんな時に「以前○○って監査人が言ったのだから受け入れられない！」というのは効果があるのでしょうか？　筆者の経験的には、効果はかなり限定的と感じています。よほどマイペースな監査人でない限りは、過去の経緯も全てわかった上で「○○して下さい」と言っています。つまり、監査人の発言の背後には、上司やもっと上層の部門だったり、監査法人の統一見解のようなものがある可能性が高いからです。そうなると、監査人個人で物事を決められる権限がなく、監査人としても反論されるほど困ってしまうだけということになります。最終的に「より適切な決算を目指しましょう！」と言われて手打ちになるので、どうしても納得しかねる時は、交渉してみるのが有益かもしれません。ただし、監査人が想定外の返事・対応だったときには、会社としてどう対応するかもあらかじめ決めておかないと慌てることになりますので、注意が必要です。

第 6 章

ステップ３

変動対価

## ステップ3 変動対価

### 1. 変動対価の計算

#### (1) 変動対価とは

　商品の代金が「1個＝○○円」といった固定の金額ではないパターンの売上代金のことをいいます。会計基準では、「顧客と約束した対価のうち変動する可能性のある部分」という表現で紹介されています。例えば顧客の業績や状況に応じて、○○だったら△△円といった割増金を受け取るイメージです。この他にも、返品権付きの商品販売などがあります。また、実質的に売上代金の減額になる「リベート」も将来の状況次第で金額が変わる可能性があるので、変動対価の考え方を使います。

#### (2) 計算方法

　「最頻値法」「期待値法（加重平均法）」の2つが会計基準では紹介されています。ともに将来発生する可能性のある金額と発生確率の見積りをしますが、「1番可能性の高い金額」にフォーカスするのが最頻値法で、金額と確率を加重平均するのが期待値法（加重平均法）です。

### 2. 取引価格へ含める条件

#### (1) 会計基準の考え方

　金額を見積って将来の可能性を評価した上で一定の条件のもとで取引価格へ含めるという考え方が採用されています。具体的には(2)で紹介する2つのステップを経て、変動対価を取引価格へ取り込みます。このよ

第1章

第2章

第3章

第4章

第5章

第6章

第7章

第8章

第9章

第10章

第11章

第12章

第13章

第14章

うにすることで、見積りの金額で決算へ取り込んだ収益の金額が、将来的に金額が確定した時に大きな減額が発生するのを防いでいます。

## (2) 変動対価の2つのステップ

### ① 金額の見積り

先ほど1.(2)で紹介した2つの方法で、変動対価の金額を見積ります。

### ② 将来の不確実性の評価（＝変動対価の見積りの制限）

決算をする時点では金額が決まっていなかった変動対価が、将来的に実績数値として確定した時のことを予想します。①とよく似ていますがこちらは「実績金額はいくらになりそうか？」を考える・判定する作業です。検討対象は将来の金額ですが将来のことを完璧に予想するのは困難なので、現実的には過去の実績にその後の情報を加味してどうなりそうかを検討する作業が中心になると思われます。そして、①の金額もふまえながらいくらなら実績の金額と大きな差がなく、確定時に収益を大きく減額させる必要がないのかを見積って判断します。著しい減額が発生しない可能性が高い部分のみを取引価格へ含めて収益を認識します。

## (3) イメージ例

### ① まず見積計算

売上代金の中に変動対価がある場合、まずは最頻値法や期待値法を使って変動対価を見積計算します。例えば、製品1,000個を@200千円で顧客へ販売するものの、顧客が消費者へ販売する際に行う値引きを一部負担する必要があり、それが販売価格の30%と見積られるとします。期待値法を使うと、1000個×200千円×（100%−30%）で140,000千円となります。ただし、この金額は契約上の取引価格200,000千円の

うちいくらが変動対価となるのかを見積計算した金額であり、取引価格
へ含める金額とイコールとは限りません。

## ② 不確実性の評価（＝変動対価の見積りの制限）

　過去の取引実績や現在のマーケットの状況などをふまえた結果、
140,000千円のうち130,000千円については、変動対価の額に関する不
確実性が事後的に解消されるタイミングまでに計上された収益の著しい
減額が発生しない可能性が高いと判断したので、130,000千円の収益を
認識するという流れとなります。

図55 変動対価が取引価格へ含められるまで

## 3. 変動対価を取引価格へ含めるまでの流れフローチャート

　以上の知識をふまえて、変動対価が取引価格へ含められて売上の仕訳
になるまでのフローチャートは以下の通りです。

## (1) 解説

図56 変動対価を取引価格へ含めるまでの流れフローチャート

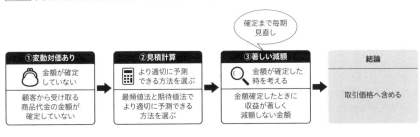

### ① 変動対価あり

　まずは取引条件を調べて、変動対価があるのかを確かめる作業から始めます。

### ② 見積計算（ステップ1）会51

　変動対価が把握できたら、次は最頻値法や期待値法（加重平均法）を使って変動対価の見積計算をします。

### ③ 将来の不確実性の評価（ステップ2）会54

　変動対価の金額実績が確定した時にどれくらいの金額になりそうかを、マーケットの状況などもふまえつつ判定します。

### 結論

　そして、変動対価の金額が最終的に確定したときに、その時点までに計上された収益の著しい減額が発生しない可能性が高い部分についてのみ、取引価格に含めて収益認識することができます。

## ⑵ あてはめ その1

　それでは、実際の取引例にあてはめてフローチャートをみてみましょう。

図57

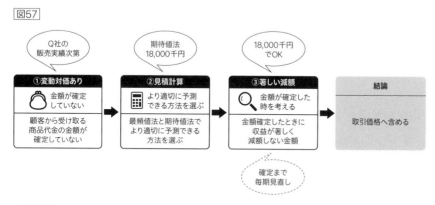

（解説）

　以下の前提の例を使って解説します。

- 製品P1,000個を@20千円でＱ社へ販売。
- Ｑ社は最終消費者へ製品Ｐを販売。
- Ｑ社が消費者へ販売する製品Ｐの販売数量に応じてリベートを設定。
- 期待値法を使う。
- リベートは@２千円と見積った。
- 製品Ｐの販売市場での十分な経験あり。

### ① 変動対価あり

　当社からＱ社へ支払うリベートは、Ｑ社の販売実績次第で金額が変わります。つまり、決算をする時点では金額が確定していないので、変動対価になります。

## ② 見積計算（ステップ1）

Q社の販売実績に関する観察可能な十分なデータがあり期待値法を使ってリベートは@2千円と見積っているので、ステップ1での取引価格は（@20千円−@2千円）×1,000個で18,000千円と見積りました。

## ③ 将来の不確実性の評価（ステップ2）

不確実性はあるものの、製品Pや現在のマーケットについての経験も十分にあり、不確実性は短期間で解消すると考えました。よって、18,000千円を取引価格として収益認識しても、金額実績が確定したときに収益の著しい減額が発生しない可能性が高いと判定しました。

## 結論

18,000千円を取引価格と判断しました。

## ⑶ あてはめ その2　値引き負担

取引例のフローチャートのあてはめを、もう1つ紹介します。

図58

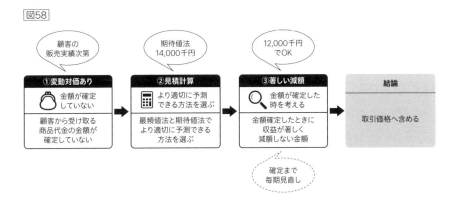

103

（解説）

　以下の前提で解説します。

- 当社は顧客へ製品N100個を@20千円で販売。
- 顧客は製品Nを消費者へ販売する際に値引きをする。
- 当社は顧客が消費者に対して行う値引きを一部負担する約束をしている。

## ① 変動対価あり

　現時点で未確定の値引きを一部負担する可能性があるので、顧客から受け取る金額は固定金額ではありません。よって、変動対価ありと判断しました。

## ② 見積計算（ステップ1）

　過去の値引き実績は25%〜50%で、当社の負担実績は15%〜40%でした。現在のマーケットの状況をふまえると、30%の値引き負担を求められる可能性があると見込んで、期待値法により変動対価を100個×200千円×（100%−30%）＝14,000千円と見積りました。

## ③ 将来の不確実性の評価（ステップ2）

　製品Nは陳腐化のリスクが高いので、14,000千円そのままを取引価格とはできないと判断しました。そして、過去に行った製品Nの販売と類似する取引の販売実績や現在のマーケットの状況もふまえて、12,000千円であれば、変動対価の額に関する不確実性が事後的に解消される時点までに計上された収益の著しい減額が発生しない可能性が高いと判定したので、12,000千円を取引価格に含めて収益を認識しました。

## ⑷ 注記事例の紹介

有価証券報告書の注記からGCAの事例を選んでフローチャートでみてみましょう。

図59

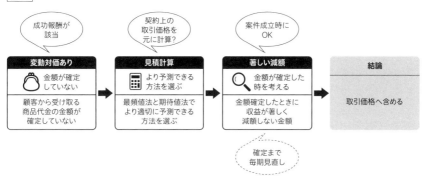

（解説）

以下の前提で解説します。解説は注記事例をもとにした筆者の推測です。

- アドバイザリー事業の成功報酬が変動対価に該当。
- 案件成立時が重大な戻し入れが生じない可能性が非常に高い時点と判断。
- 出典：GCA2020年12月期有報73ページ

### ① 変動対価あり

注記によると、アドバイザリー事業の成功報酬は案件成立までは変動する可能性がある変動対価に該当します。

### ② 見積計算（ステップ1）

注記情報からは読み取れませんが、契約上の取引価格をベースに最頻

値法や期待値法で計算していると思われます。

### ③ 将来の不確実性の評価（ステップ2）

　成功報酬は文字通り案件が成立したら受け取れる報酬なので、案件成立時が「変動対価の額に関する不確実性が事後的に解消される時点までに計上された収益の著しい減額が発生しない可能性が高い」時期と判断したと考えられます。以上より、案件が成立した契約についての成功報酬を取引価格へ含めた上で収益認識していると考えられます。

## 4. 会計基準や適用指針の構成

### (1) 変動対価の定義

　会計基準50項で「対価のうち変動する可能性のある部分」という表現で示されており、具体例は適用指針23項と24項で紹介されています。

### (2) 変動対価の見積計算の仕方

　会計基準51項で、最頻値法と期待値法が紹介されています。最頻値法を採用する根拠例は設例10で、期待値法を採用する根拠例は設例12−1で示されています。採用根拠例の部分は以下の通りです。ポジションペーパーで採用根拠を書く必要があるときに参考になると思います。

### ① 最頻値法

　考えうる結果が2つ（○○千円又はゼロ）のみであるため。

### ② 期待値法

　以下を根拠に、販売価格に80％をかけた金額で変動対価を見積計算

している。

- 観察可能なデータ：これまで20%の価格の引き下げを行った
- 長年20%を大きく超える価格の引下げをしたことがない

　最頻値法と期待値法について、簡単な計算例をお示ししておきます。

図60 変動対価の見積計算

| シナリオ① | シナリオ② | シナリオ③ |
|---|---|---|
| 60%<br>2,000円 | 30%<br>2,400円 | 10%<br>1,600円 |

**最頻値法** 2,000円　　**期待値法** 2,080円（1,200円＋720円＋160円）

## (3) 返金負債

　返金負債を簡単にいうと、受け取った代金のうち返金すると見込まれる金額のことをいいます。会計基準53項で受け取ると見込まない金額の考え方が示されていて、設例11では返品権が付いている製品販売で、返品見込み分を「返金負債」とする事例が示されています。

## (4) 不確実性の評価（＝変動対価の見積りの制限）

### ① 規定の全体像

　変動対価の最重要トピックである「不確実性の評価」（＝変動対価の見積りの制限）は、会計基準54項に規定があります。そして適用指針25項では、不確実性の評価をする上で不確実性の程度が高くなる（確率・金額両面）要因の例が、市場の変動性の影響を受けやすいなど5つ示されています。

## ② 不確実性の評価の例

　どういう状況であれば「収益の著しい減額が発生しない可能性が高い」と判断できるのかは、経理担当者的にもかなり関心の高いトピックだと思います。注記事例でもみつけるのはかなり大変ですが、設例11と13で考え方の一端をみることができます。

### 設例11

- 返品数量の見積りに関する十分な情報を有している。
- 30日間の返品受け入れ期間なので不確実性は短期間で解消される。

### 設例13

- 販売製品に関する（顧客の）購入実績に関する十分な経験を有している。

　製品販売歴が長く過去の販売・返品実績も十分把握できるとか、不確実性の解消まで短期間といったあたりが、実務的にも参考にしやすいと思います。

図61 不確実性の評価（＝変動対価の見積りの制限）

**規定の全体像**

会54項で規定され適25項で
不確実性が高くなる要因を示す

**評価例1**

十分な情報を
有している

**評価例2**

不確実性は
短期間で解消される

**図62 主な会計基準や適用指針の構成──変動対価編**

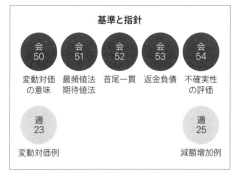

基準と指針

会50 変動対価の意味　会51 最頻値法 期待値法　会52 首尾一貫　会53 返金負債　会54 不確実性の評価

適23 変動対価例　　　　　　　　　　　　　　適25 減額増加例

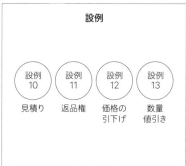

設例

設例10 見積り　設例11 返品権　設例12 価格の引下げ　設例13 数量値引き

## 5. 代替的な取扱い

　変動対価について、例外規定である代替的な取扱いは設けられていません。

## 6. 変動対価の注意点

### ⑴ 2つのステップを経て取引価格へ含める

　変動対価の見積計算の方法として、最頻値法や期待値法（＝加重平均法）があります。ついうっかり、最頻値法や期待値法で計算した金額がそのまま取引価格になると思ってしまいますが違います。変動対価は2つのステップを経て、取引価格に含めます。具体的には1つ目のステップで最頻値法や期待値法を使って見積り計算をし、そこで計算された変動対価について2つ目のステップで「不確実性の評価」をします。検討では、売上が減額される確率（≒可能性）と減額される金額の程度の両方を視界へ入れる必要があります。この点について適用指針25項では、不確実性が長期間解消しない見込みなどの例示が5つ示されていま

す。そして、著しい減額の発生しない可能性が高いと見込まれる範囲で
取引価格に含めて収益認識をします。

## ⑵ 保守的ならOKというわけではない

　見積った変動対価の金額のうち、極力小さい金額なら取引価格に含め
て良いというわけではありません。保守的に評価することを推奨してい
るのではなく、過去の実績を見ながら、現在のマーケットの状況をふま
えて評価する必要があります。

図63 変動対価の注意点

## 7. ポジションペーパーのチェックポイント

## ⑴ 変動対価の見積計算の方法

　ポイントは２つで、①最頻値法・期待値法（＝加重平均法）のどちら
を採用するのか、②見積計算の根拠です。

## ① どちらを採用するのか？

　会計基準では採用する方法を選ぶ際に「権利を得ることとなる対価の
額をより適切に予測できる方法」であることが、要件として求められて
います。ですから「面倒なので○○法にします」ではNGで、「○○法の

方が受け取る売上代金をより適切に予測できるから」という理由付けが必要となります。もちろん過去の実績も1つの判断材料となります。最頻値法・期待値法ともに従来から実務で広く用いられてきたというわけではないので、設例11・設例13やIFRS第15号・収益認識会計基準の適用事例などを参考に、自社のビジネスに合う方法を探します。

### ② 見積計算の根拠

　本章で解説したあてはめや設例11・設例13で紹介されている変動対価の見積計算は、なんとなく将来を予想したものではありません。もちろん現在のマーケットの状況もふまえなくてはいけませんが、やはり説得力があるのは過去の取引実績です。「過去に30%近辺の値引きをしてきた実績があるから、契約上の取引価格に70%をかけた金額を期待値として、変動対価を見積もった」というロジックは説得力がありますし、設例でもそのような考え方が示されています。

## ⑵ 不確実性の評価について

　どのような情報や資料をもとに、「解消される時点までに計上された収益の著しい減額が発生しない可能性が高い」と判定するかを具体的に書く必要があります。また、単なる予測だけでは説得力が低いので、過去数年の実績をサポート資料として用いて、「○○という視点で見ると、○○円なら実績数値が出た時点で収益の著しい減額が発生しない可能性が高いことは、過去の実績をみても明らかである」「現在のマーケットの環境をふまえると○%の価格引下げが必要になる可能性が高い」という流れでポジションペーパーを書いていきます。将来の確定数値がどうなるかは結局のところ誰にもわからないので、大きな説得力を持つのはやはり過去の実績数値になります。

第1章
第2章
第3章
第4章
第5章
第6章
第7章
第8章
第9章
第10章
第11章
第12章
第13章
第14章

図64 変動対価のポジションペーパーのチェックポイント

| 見積計算 | 見積根拠情報 | 不確実性評価 |
|---|---|---|
|  | |  |
| 最頻値法／期待値法を採用する理由 | 見積計算をする根拠情報 | 判定根拠（過去の実績など） |

監査対応コラム

# ウソをついたらどうなる？

　「本当のことを言ったら面倒なことになる」あまり声を大にしていえないものの、誰しも思う気持ちでしょう。監査対応を何年か経験された経理の方でしたら、何をいえば監査人がどう反応するかはある程度予想がつきます。監査人の行動パターンは意外に複雑ではないからです。では、監査人にウソをついたらどうなるのでしょうか？　些細な話でしたら笑って流されて問題にはならないでしょうが、決算の根幹に関わる大きなトピックで事実と異なる説明をすると、監査の範囲が広がります。監査では「経営者の誠実性」というチェックポイントがあるので、「この会社（経営者）は信用できない」という烙印を押されると、極力原始資料をたくさんチェックする方向へ進みます。相手を信用できるならチェック対象は多くなくても監査意見は間違えにくいでしょうが、不信感をもつと決算の原始資料は限りなく全部見ないと監査意見は出せないという発想は、ある意味当然です。不信感が募ると、場合によっては監査契約の継続にも支障が出てきます。ですから、重要なトピックで事実と異なる説明をするのは慎重になった方がいいと思います。

図65　ウソをついたらどうなる？

**監査対応**

本当のことを言うと
面倒なこともある

**監査手続**

経営者の誠実性も
チェック対象

**ウソをつくと？**

極力たくさんの原始資料を
チェック（監査負担が激増）

第 7 章

ステップ 4

取引価格の配分

## ステップ4 取引価格の配分

　ここからステップ4へ入っていきます。ステップ3で計算した取引価格を、それぞれの履行義務へ紐づけていく作業です。

## 1. 取引価格の配分の全体像

### (1) 想定される場面

　1つの契約の中に複数の履行義務があるけれど、それぞれの履行義務の取引価格がわからない場面が想定されたトピックです。契約書の取引金額は、本来は契約で取り交わした約束・商品のそれぞれの価格を積み上げて計算されるべきですが、実務ではそうなっていないケースもあります。つまり、わかっているのは契約書の取引金額だけという場面が、取引価格の配分で想定されているケースです。

### (2) 見積計算が必要な理由

　売上の仕訳の単位は履行義務をベースにしているので、履行義務の取引価格がわからないからといって仕訳をしないというわけにはいきません。仕訳が取引の実態を適切に表さなくなるからです。そこで会計基準では、独立販売価格という指標を使って契約の取引金額をそれぞれの履行義務へ割り振っていきます。

## 2. 独立販売価格の意味

### (1) 独立販売価格とは

　簡単にいうと、セット割引を想定しない単品で売るとしたら付ける値段のことをいいます。

### (2) 独立販売価格の把握の仕方

　独立販売価格をいきなり見積るわけではありません。直接把握できるのならそれを使い、直接把握できないなら見積るという2ステップで把握します。

## 3. 独立販売価格の種類

　会計基準では、以下の3つの方法が紹介されています。

### (1) 調整した市場評価アプローチ

　類似の製品が販売されている市場での値段をベースに調整を加えた金額を、独立販売価格として使う方法がその一例です。

### (2) コスト＋利益相当額アプローチ

　コストと利益を積み上げて見積る方法です。「製品を作るには○円コストがかかるし、当社では○％の利益をのせるから独立販売価格は○円」というイメージがその一例です。

### (3) 残余アプローチ

　他の2つの方法とは違って、わかるところから計算していくという方

第1章
第2章
第3章
第4章
第5章
第6章
第7章
第8章
第9章
第10章
第11章
第12章
第13章
第14章

法です。例えば契約金額が1,000円で独立販売価格はA500円・B300円だけ把握できるなら、Cの独立販売価格は200円という考え方です。

図66 独立販売価格の種類

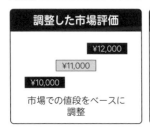

| 調整した市場評価 | コスト＋利益相当額 | 残余 |
|---|---|---|
| ¥12,000<br>¥11,000<br>¥10,000 | | |
| 市場での値段をベースに調整 | コストを積み上げ利益相当額を乗せる | わかるところから計算する |

## 4. 独立販売価格決定までのフローチャート

　以上の知識をふまえて、独立販売価格が決まるまでの流れをフローチャートでみてみましょう。

### (1) 解説

図67

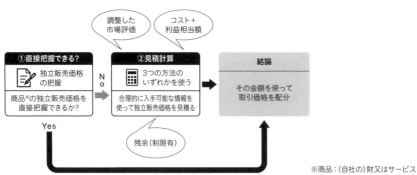

### ① 直接把握できる？

　独立販売価格は常に見積るのではなく、直接把握できるのならその指標を使います。例えば、単独で販売した実績です。

### ② 見積計算

　続いて、直接把握できない商品について独立販売価格を見積ります。会計基準・適用指針では、直接把握できない場合の見積計算の方法として調整した市場評価アプローチ・コスト＋利益相当額アプローチ・残余アプローチの３つが紹介されています。

### ③ 値引きの配分

　独立販売価格の合計が契約金額を上回るなら値引きが発生しているので、契約全体に対する値引きなら独立販売価格の比率で値引きを配分します。

## ⑵ あてはめ

それでは、実際の取引例にあてはめてフローチャートをみてみましょう。

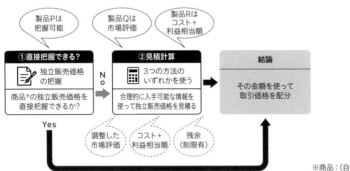

図68

※商品：（自社の）財又はサービス

（解説）

以下の前提で解説します。

- 製品P、Q、Rを2,400千円でセット販売。
- P：1,000千円（日常的に販売）
- Q：800千円（同業他社の類似製品の売価を調整）
- R：1,200千円（コスト＋利益）

## ① 直接把握できる？

製品Pのみ日常的に1,000千円で単品販売しているので独立販売価格を直接把握できることから、まず製品Pの独立販売価格は1,000千円になります。

第1章
第2章
第3章
第4章
第5章
第6章
第7章
第8章
第9章
第10章
第11章
第12章
第13章
第14章

## ② 見積計算

製品Qと製品Rは独立販売価格を直接把握できないので、それぞれ見積計算をします。製品Qは調整した市場評価アプローチを使って800千円、製品Rはコスト＋利益相当額アプローチを使って1,200千円です。

## ③ 値引きの配分

独立販売価格の合計が3,000千円で600千円の値引きが発生していてP・Q・Rの組み合わせに対するものなので、1,000：800：1,200の比率で値引き△600千円を配分します。以上をふまえて独立販売価格はそれぞれ、製品P800千円、製品Q640千円、製品R960千円となります。

## (3) 注記事例の紹介

続いて、有価証券報告書や四半期報告書の注記から、トヨタ自動車の事例を選んでフローチャートでみてみましょう。

図69

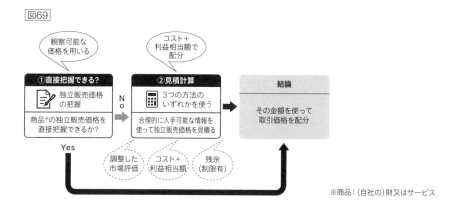

（解説）

以下の前提で解説します。解説は注記事例をもとにした筆者の推測で

す。

- 車両の販売に無償メンテナンスを受ける権利が含まれている
- 履行義務を配分する必要がある。
- 出典：トヨタ自動車2021年3月期3Q四半期報31ページ

### ① 直接把握できる？

　注記文章では「観察可能な価格を用いて」の一文の後に、利用可能でない場合についての記載もあります。観察可能な価格は直接把握できるという意味なので無償メンテナンスでは、直接把握できる独立販売価格を使っていることがわかります。

### ② 見積計算

　「利用可能でない場合は」という限定文言の後に、予想コスト＋マージンのアプローチを採用していることが示されています。

### ③ 値引きの配分

　契約金額と独立販売価格の合計（完成車両・無償メンテナンス）に差がある場合は、独立販売価格をベースに値引きの配分をしていると思われます。

## 5. 会計基準や適用指針の構成

### (1) 基本方針

　独立販売価格の比率を使って取引価格を配分するという考え方は、会計基準66項及び68項で示されています。

## ⑵ 独立販売価格

### ① 基本方針

　独立販売価格を直接把握できないなら、独立販売価格を見積るという基本方針が会計基準69項で定められています。この条文では、同じ状況なら見積方法は首尾一貫させる必要があるという、運用上の基本ルールも示されています。

### ② 見積り方

　独立販売価格の見積り方は、適用指針で定められています。具体的には適用指針31項で、「調整した市場評価アプローチ」「コスト＋利益相当額アプローチ」「残余アプローチ」の考え方が示されています。

## ⑶ 値引きの配分

　独立販売価格の合計が契約の取引価格を超えるなら、値引きがあるとしてそれぞれの履行義務へ配分する必要があるという考え方が会計基準70項で示されています。また、実務的な運用例を示す意味で設例が1種類の合計3つ（設例15-1、15-2、15-3）設けられています。

図70 主な会計基準や適用指針の構成──取引価格の配分編

基本的な考え方

会
65〜67

配分の基本方針

独立販売価格

会68　会69　適31〜33

独立販売価格　見積計算　3つの方法

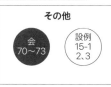

その他

会70〜73　設例15-1 2、3

例外規定

適100〜101

残余アプローチ等

## 6. 代替的な取扱い

### (1) 残余アプローチの利用

　適用指針100項で、取引価格の配分に関する例外規定（代替的な取扱い）が定められています。100項では、以下の３つの要件を満たしたら、残余アプローチを使って配分してもいい旨が定められています。

- 独立販売価格を直接観察できない
- 他の財又はサービスに付随的
- 重要性が乏しい

　100項を実務的に適用するには、付随的であることの説明に加えて、金額的・機能的に重要性が乏しいことも決算・監査では説明する必要があると思われます。このうち機能的に重要性が乏しいとは、その機能がなくても財又はサービスを問題なく使えるという意味になると考えられます。

図71 代替的な取扱い

要件

他商品※に付随的
重要性乏しい

検討ポイント

金額的・機能的な
重要性の説明も

※商品：(自社の)財又はサービス

## 7. 取引価格の配分の注意点

### (1) 好きなものを選べるわけではない

#### ① 考え方

　独立販売価格を直接把握できない場合は、適用指針で示されている３つの方法を使って見積る必要がありますが、３つの方法から好きな方法を選べるわけではありません。これは、会計基準146項で独立販売価格を直接把握できない場合の考え方は会計基準65項に沿うことを求めていること、そして65項では「権利を得ると見込む対価の額を描写するように」と定められていることから読み取れます。どういう状況なら描写しているといえるかは難しいですが、単独で売ったら受け取れるであろう金額に近くて見積られた金額にある程度納得感があるという意図が込められていると考えられます。

#### ② 納得感のある選び方の例

　類似製品や近い機能の製品が多く、時価（≒市場評価）を把握しやすい性質の製品の独立販売価格を見積る時は「調整した市場評価アプローチ」を使うと、監査でも納得感を得やすいでしょう。一方、当社しか作っていない独自性の高い製品の独立販売価格を見積る時は、「コスト＋利益相当額アプローチ」を使う方が説得力が高まります。そもそもコスト＋利益相当額で製品の値段をつけるのが通常ですし、市場評価を利用するための納得できるロジック作りが難しいという背景もあるからです。

### (2) 使い分けができるわけではない

　「○○のときは調整した市場評価アプローチを使ったけど、今回はコスト＋利益相当額アプローチを使おう」といった使い分けはできません。

これは会計基準69項で「類似の状況においては、見積方法を首尾一貫して適用」という規定で示されています。

## ⑶ 残余アプローチについて

「残った金額が独立販売価格」というイメージがあるので残余アプローチは簡単な印象のある見積方法です。ただし自由に使えるわけではなく、以下の2つの要件のいずれかに該当した場合にのみ使えます。

- 典型的な独立販売価格が把握できず、販売価格が大きく変動する
- 販売価格が確定しておらず、単独で販売したことがない

図72 注意点

考え方

権利を得ると見込む
対価の額を描写

首尾一貫

類似の状況なら
同じ見積方法を

残余アプローチ

2つの要件のいずれかを
満たしたら採用できる

## 8. ポジションペーパーのチェックポイント

## ⑴ 直接把握できるか？

独立販売価格はすぐに見積るというわけではなく、最初に「直接把握できるか？」を確かめる必要があります。直接把握できないときに「見積り」のステージへ進むので、ポジションペーパーでも「直接把握できるか？」をはっきりさせておきます。なお、把握できる／できないの結論を書いただけでは不十分で、「単独で販売した実績がない」などの理

由付けと根拠データは必要と思われます。

## ⑵ 独立販売価格の見積方法の採用根拠

適用指針で列挙されている3つの見積方法のうち選んだ方法を示しますが、なぜその方法を選んだのかの根拠も合わせて示しておきます。例えば、7.の注意点で示した「類似商品の時価があるから」「独自性の高い製品を売っているから」などが一例として考えられます。

## ⑶ 独立販売価格の具体的な見積り方

採用するアプローチ名（調整した市場評価・コスト＋利益相当額・残余）に加えて、実務的にどのような資料・情報に基づいて見積計算をするのかもポジションペーパーで示しておきます。場合によっては、その内容を要約したものが注記として外部へ公開する情報になる可能性もあります。

図73 ポジションペーパーのチェックポイント

**直接把握**

すぐに見積り
するわけではない

**採用根拠**

なぜその見積方法を
採用したか?

**見積り方**

採用アプローチ名と
見積計算の根拠を明示

## 監査意見と審査

　「パートナーに納得してもらえれば全て解決！」かつてはそうだったのですが、近年の監査は仕組みが複雑化しています。簡単にいうとパートナーの後ろにもう1人の会計士／1つの組織が控えています。この仕組みを「審査」といって、監査チームには加わらずに監査チームが行った監査をチェックします。ですから、パートナーを納得させても審査でNGが出されてしまったら監査意見は出ません。

　審査制度は制度の名前も含めて監査法人によって様々でしょうが、大きく分けると2種類あります。四半期や期末の決算でしっかりと監査手続をしたかをチェックする「決算審査」と、重要論点について決算監査前にあらかじめチェックしてもらう「事前審査」という制度もあります。

　対象項目は法人によりますが、重要な論点があらかじめわかっているのなら、監査人にリクエストして事前審査を受けて期末の決算作業へ入る前にOKをもらっておくのも1つの方法です。そうすると、期末の決算では精神的に余裕を持った状態で決算・監査対応をすることができます。

図74 監査意見と審査

審査制度

監査チームから独立した
パートナーがチェックする

審査の種類

決算審査
事前審査

会社的には？

会社が主導して
事前審査を望むことも

第8章

ステップ5

履行義務の充足

## ステップ5 履行義務の充足

　いよいよ収益認識の最後のステップへ入っていきます。ステップ5の内容を簡単にいうと、「売上の仕訳をいつOKするか?」を検討するトピックです。

### 1. 資産の支配って何?

#### (1) 資産の支配の意味
　支配は難しい響きに聞こえますが、簡単にいうと「資産を自由に使える状況」のことをいいます。資産を支配していたら、「使う／売る」を自由に決めることができます。

#### (2) 売上の仕訳のタイミングを決める大原則
　顧客が商品の支配を獲得したタイミングで売上の仕訳をしてOK(＝収益を認識する)という考え方が会計基準では採用されていて、これを「支配の移転」とよんでいます。

#### (3) 支配はいつ移転したか?
　いつ顧客へ支配が移転したのかの判定の仕方が会計基準では示されていて、所有権や検収などの5つの指標が定められています。ただし、全て満たした時点を特定するという考え方ではなく、自社のビジネスに照らして総合的に判断します。詳しくは、4のフローチャートで紹介します。

### ⑷ 一時点と一定の期間

　全ての取引の「支配の移転時点」がはっきりと把握できるわけではありません。例えばオフィスビル一棟を建設したり３ヶ月間のオフィス清掃サービスのような取引では、その期間にわたって徐々に義務が果たされていきますから、「○○の時点で支配が顧客へ移転しました！」と特定することができません。そこで会計基準では、履行義務を「一時点で充足される履行義務」と「一定の期間にわたり充足される履行義務」という２種類に分けて収益認識の仕方を整理しています。なお、本書では前者の履行義務を「一時点」、後者の履行義務を「一定の期間」とよぶことにします。また、「一定の期間」で採用する収益認識の方法は、馴染みやすさを重視して「（いわゆる）進行基準」という表現を使い、「充足」「履行」は「果たす」と言い換えることにします。

図75 資産の支配

意味

資産を自由に使える
状況になっていること

大原則

顧客へ資産の支配が
移転したら収益認識

いつ？

一時点
一定の期間

## 2. 一時点で充足される履行義務

### ⑴ どんな義務？

　商品を引き渡す取引のように、顧客へ商品の支配が移転したタイミングを特定できる義務が該当します。実務でよく出てくる支配の移転時期としては、引渡時点・検収時点が挙げられます。この支配の移転時期を

第1章
第2章
第3章
第4章
第5章
第6章
第7章
第8章
第9章
第10章
第11章
第12章
第13章
第14章

「4.」の指標を検討して特定します。

## ⑵ 一時点と出荷及び配送活動

　売上の仕訳の検討（＝収益認識）は履行義務の単位で検討するので、出荷とか配送活動が履行義務になるのかを検討するのが原則です。一方で、商品の支配が顧客へ移転した後の義務は細かく把握して収益認識の検討をしなくてもよいという例外規定があります。細かく把握して収益認識の検討をしなくても、実態を適切に表現できるだろうし、重要性も乏しいという考え方が背景にあると考えられます。

## ⑶ 出荷基準

　顧客が商品を自由に使ったり売ったりできるようになったら、商品の支配は顧客へ移転しています。逆にいうと、商品を出荷した時点では顧客は商品を使えないので、商品の支配は顧客へ移転しておらず収益認識はできないのが原則的な考え方です。一方で、出荷時点と顧客が支配を手にする時点の差がごく僅かなら、敢えて出荷基準を否定する実益は乏しいとも言えます。そこで会計基準では「通常の期間」という考え方を使って、要件を満たしたら出荷時点で売上の仕訳をしてもOK（＝収益認識）という例外規定を定めています。詳しくは、後ほど解説します。

図76 一時点で充足される履行義務

| どんな義務？ | 出荷・配送 | 出荷基準 |
| --- | --- | --- |
| 支配移転時期を特定できる義務 | 履行義務にしない例外規定あり | 要件を満たしたら例外的に認める |

## 3. 一定の期間にわたり充足される履行義務

### (1) どんな義務？

　3ヶ月間のオフィス清掃サービスだったり、オフィスビル一棟を建設するといった、一定の期間継続的に業務を提供することで義務を果たすような取引が対象です。

### (2) 収益はいついくら認識する？

　「一定の期間」では、「一時点」のように商品の支配が顧客へ移転したタイミングを特定することができません。そこで会計基準では「進捗度」という指標を使って、進捗度がアップした分に対応する取引価格を収益認識するという考え方を採用しています。進捗度を簡単にいうと、「仕事を完成させた割合」のことをいいます。例えば、取引価格が1,000千円の取引で、今期1年間で進捗度が30%アップしたら、今期の売上は300千円になるというイメージです。ただし、進捗度を合理的に見積れないなら、進捗度を使った収益認識はできません。実態に照らして違和感のない進捗度の見積りをするための信頼性のある情報が不足していると、合理的な見積りができないからです。

### (3) 判定の進め方

　全ての履行義務について「一定の期間」に該当するかをまず検討し、どの要件にもあてはまらない履行義務は「一時点」という判定の進め方をします。

133

一定の期間にわたり充足される履行義務

**どんな義務?**

継続的に業務提供で
義務を果たす

**いついくら?**

進捗度アップに応じて
収益を認識する

**判定の進め方**

一定の期間の要件に
該当しないなら一時点

## 4. 支配の移転時点の判定フローチャート

### (1) 解説

　それでは、支配の移転時点の判定について、フローチャートでみてみましょう。

図78

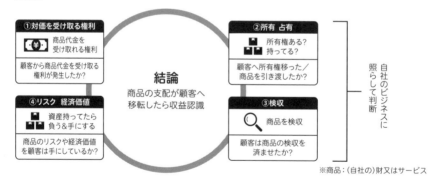

※商品:(自社の)財又はサービス

### ① 対価を受け取る権利

　顧客が売主へ商品代金を支払うということは、既に顧客が商品の支配を獲得している可能性があるという点に注目した指標です。

## ② 法的所有権・占有

　商品の所有権を顧客が持っていたり、商品を実際に手にしているのなら、顧客が商品の支配を獲得している可能性があるという点に注目した指標です。なお、委託販売契約や請求済未出荷契約などでは、占有と支配が一致しないこともあります。

## ③ 商品を検収している

　顧客が商品の検収を済ましたら、通常は顧客が商品の支配を獲得している可能性が高いという点に注目した指標です。

## ④ リスクや経済価値が移転している

　商品を支配していたら手にする価値や負うリスク（在庫リスクなど）に注目した指標です。

第1章
第2章
第3章
第4章
第5章
第6章
第7章
第8章
第9章
第10章
第11章
第12章
第13章
第14章

## ⑵ あてはめ

それでは、実際の取引例にあてはめてみましょう。

図79

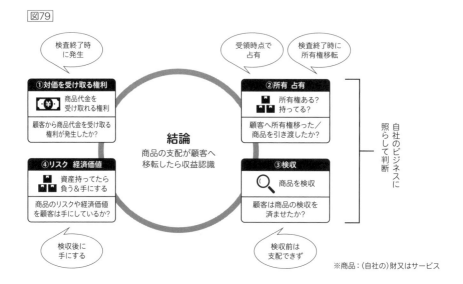

※商品：（自社の）財又はサービス

（解説）

以下の前提で解説します。

- 顧客から製品Nの販売契約を受注した。
- 製品Nは顧客の受け入れ検査（＝検収）が完了した時点で法的所有権が顧客へ移転する。

### ① 対価を受け取る権利

顧客の受け入れ検査が完了した時点で、顧客の支払義務が発生します。

### ② 法的所有権・占有

受領時点で顧客が製品Nを占有しています。そして、顧客の受け入れ

検査が完了した時点で、製品Nの法的所有権も顧客の手に移ります。

### ③ 商品を検収している

　製品Nの検収をする前の時点では、製品Nが発注した通りの仕様を満たしていると顧客は客観的に把握することができません。したがって、検収前の時点では顧客は製品Nの支配を獲得していません。なお、顧客の検収が形式的（大きさや重さを測るなど）なら、支配の移転時点の判定に影響しません。検収前に売主が判断できるからです。

### ④ リスクや経済価値が移転している

　顧客が製品Nの検収を済ませたら、顧客は製品Nを持つことに伴う様々なリスク（保管料や保険料などの在庫リスク）の負担や経済価値（製品Nを使う・販売することで得られる効果など）を手にします。

### 結論

　以上の5つの指標を総合的に検討し、顧客へ製品Nの支配が移転するのは顧客の検収時点と判断しました。

## 5. 出荷基準の検討フローチャート

### (1) 解説

　それでは、出荷基準を採用するまでの流れを、フローチャートでみてみましょう。

図80

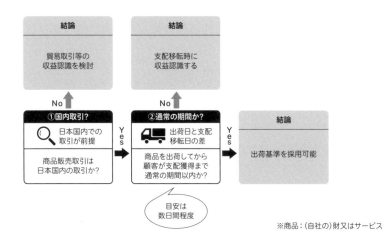

※商品：(自社の)財又はサービス

### ① 国内取引か？

　出荷基準が採用できるのは、国内取引が前提です。出荷基準は、厳密には商品の支配が顧客へ移転する前に収益認識をしても大きな影響がないことを背景に例外的に認められる規定だからです。つまり、海外の会社との取引では、出荷した時点と顧客が商品を支配する時点の差が、後述する「通常の期間」の範囲に収まらない可能性が高くなり、「支配の移転」の例外を認める根拠がなくなるということです。なお貿易取引では、顧客と合意した取引条件で売主の義務が商品を出荷するまでと取り決められることもあるでしょう。この場合収益認識のタイミングは出荷

基準ということになり得ますが、詳細な解説はここでは割愛します。

## ② 通常の期間か？

適用指針では具体的に〇日とは示していませんが、数日程度の差が許容範囲です。これは適用指針98項で「出荷及び配送に要する日数」と、適用指針171項で「数日間程度の取引が多い」と書かれているところから読み取れます。

## ⑵ あてはめ

それでは、実際の取引例へあてはめて、フローチャートをみてみましょう。

図81

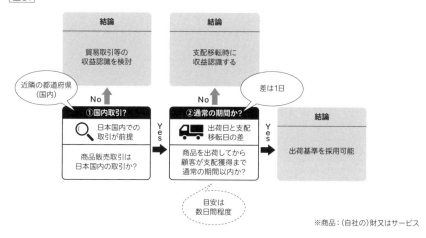

（解説）

以下の前提で解説します。

● 顧客のB社から製品Aを受注したので、製造後直ちに出荷した。

第1章
第2章
第3章
第4章
第5章
第6章
第7章
第8章
第9章
第10章
第11章
第12章
第13章
第14章

- 1日後に顧客のもとへ届き当日中に顧客が受領・検収が行われた。
- 顧客は近隣の都道府県に所在する会社である。

## ① 国内取引か?

「近隣の都道府県」なので日本国内にある会社です。

## ② 通常の期間か?

　顧客が製品Aの支配を獲得したのは出荷から1日後ですが、会計基準（適用指針）では「通常の期間内」であれば出荷基準の採用OKと規定されています。出荷日と顧客の受領・検収日の1日の差は運送事情によるものであり、「通常の期間」に収まっていると判断しました。よって当社は、製品Aを出荷した時点で収益を認識しました。

## 6. 一定の期間／一時点判定フローチャート

### (1) 解説前編

会計基準38項(1)(2)(3)①の判定フローチャートを解説します。

図82

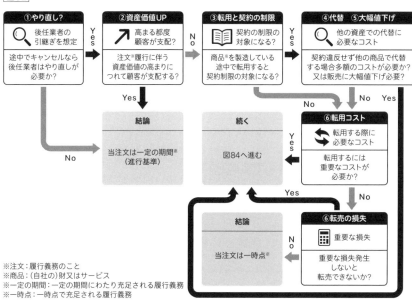

※注文：履行義務のこと
※商品：(自社の)財又はサービス
※一定の期間：一定の期間にわたり充足される履行義務
※一時点：一時点で充足される履行義務

### ① やり直しは必要か？ 会38(1) 適9

売主がサービス提供したら、顧客は同時に効果を手にして稼げるかを求めた要件です。例えば、売主都合ではない契約途中でのキャンセルで後任業者が引き継ぐ場合に、後任業者は前任の仕事のやり直しが必要かを検討します。なお、検討では後任業者が引き継げない制限（契約上・実務上）は考慮しないことや、前任者の資産は使わないことといった要件を満たす必要があります。

## ② 資産価値がアップするにつれて顧客は支配？ 会38(2)

数ヶ月とか1年などの期間をかけて、顧客の資産を日々作っていく義務を想定した規定です。

## ③ 転用と契約の制限 会38(3)① 適10 適116 適117

顧客だけのノウハウを使っているようなケースでは、契約途中で他の用途に転用することをあらかじめ契約で制限していることもあります。このようなケースでは、転用できない資産が発生しているという判断となりえます。なお、判定は取引開始日に行い、その後は履行義務を大きく変更する契約変更を除き見直しません。また、解約される可能性も考慮しません。

## ④ 代替コスト 会38(3)① 適10 適117

契約違反せずに、契約途中で転用（＝別の顧客に移転）するために代替品を充当しようとしたら多額のコストがかかるケースが想定されています。このような場合は、現実的に転用が難しくなるので、転用できない資産が発生しているという判断となります。適用指針では、「契約上の制限は実質的」という表現を使っています。

## ⑤ 大幅値下げ 会38(3)① 適10 適118

代替品の提供に大きなコストはかからなくても、商品を転用（＝別の顧客に移転）しようとすると大幅値下げが必要な場面が想定されています。このような場合も、現実的に転用が難しくなるので、転用できない資産が発生しているという判断となります。なお、顧客仕様の程度は、判定で注目すべき視点ですが、決定的な要因ではありません。

第1章
第2章
第3章
第4章
第5章
第6章
第7章
第8章
第9章
第10章
第11章
第12章
第13章
第14章

## ⑥ 転売の損失や重要なコスト 会38⑶① 適10 適119

　転売しようとすると重要な赤字が発生するケースや転用にあたって多額のコストが必要な場面が想定されています。転売にあたって大きな赤字を出したり多額のコストが必要なら、それは転用が制限されているのと同じなので、転用できない資産が発生しているという判断となります。

## ⑵ あてはめ前編

　それでは、解説前半部分について、実際の取引例にあてはめてフローチャートでみてみましょう。

図83

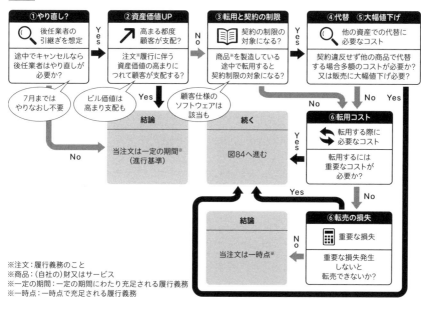

※注文：履行義務のこと
※商品：(自社の)財又はサービス
※一定の期間：一定の期間にわたり充足される履行義務
※一時点：一時点で充足される履行義務

## ① やり直しは必要か？

　毎月の給与計算をする業務を受注していた会社が4月〜7月までの業務を終えた後に契約途中で交代となった場合を考えてみます。サービスの性質から、当初の売主がサービスを提供するにつれて、お客さんはその効果を同時に受けています。また、後任業者は8月以降の業務を提供すればよく、7月までの業務はやり直し不要なのもその証拠です。

## ② 資産価値がアップするにつれて顧客は支配？

　顧客の土地の上にオフィスビルを建設する取引を考えてみます。売主が工事を進めるに従って、仕掛中のオフィスビルの価値は日々高まっていきます。しかも土地は顧客のものなので、通常は高まりつつあるオフィスビルを顧客は支配しているという判断になります。

## ③ 転用と契約の制限

　例えば顧客A社仕様のソフトウェアの開発契約が該当します。ソフトウェアの機能がA社独自のものが多く、他社に知られると問題のある情報を取扱う場合、契約で転用の制限や顧客からのリクエストに基づく仕掛品の引き取りの権利が取り交わされることがあります。

## ④ 代替コスト

　顧客仕様の製品で顧客独自の機能をたくさん揃えている場合、他の製品で代替しようとすると、再び顧客独自の機能を作る作業が必要になり、代替コストが嵩む可能性が考えられます。

## ⑤ 大幅値下げ

　顧客仕様の製品の場合、契約で禁止されていないから転用しようとす

ると、顧客独自の機能を取り除く必要があり、そのままの機能なら大幅値下げが必要になる可能性も高くなります。

### ⑥ 転売の損失や重要なコスト

　顧客仕様の製品の場合、その顧客しか求めないような機能が備わっている可能性があります。そうすると、それを転売しようと思ったら不要な機能がついたまま販売することになり、相当の値下げ（＝赤字）をしないと転売できない可能性も考えられます。また、その機能を取り除くには、多額のコストが必要になる可能性が高くなります。

第1章
第2章
第3章
第4章
第5章
第6章
第7章
第8章
第9章
第10章
第11章
第12章
第13章
第14章

## (3) 解説後編

続いて会計基準38項(3)②の判定フローチャートの解説です。

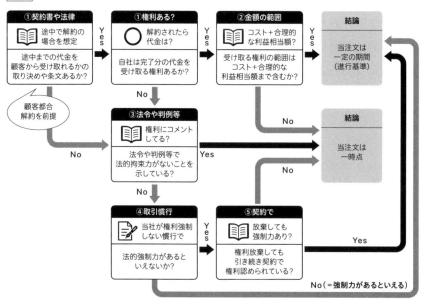

図84

### ① 契約書や法律で権利が定められているか？ 会38(3)② 適11

契約が売主都合以外の理由で途中でキャンセルになった場合、途中までこなした業務に対応する代金について、契約書や法律で受け取れる権利があることを示されているかを確かめます。

### ② 権利で認められた範囲は？ 会38(3)② 適11〜12

権利ありと定められていた場合は、受け取れる範囲が「コスト＋合理的な利益相当額」になっているかを確かめます。利益まで受け取れないなら、それは「途中まで果たした義務の代金を受け取っている」とはい

えないからです。

### ③ 法令や判例等で権利の言及は？ 会38(3)② 適13

　仮に契約書や法律で権利について示されていなかった場合は、法令や判例等で権利やその法的拘束力の有無について言及されているかを確かめます。

### ④ 権利を強制しない取引慣行 会38(3)② 適13本文

　権利はあるもののそれを強制しない取引慣行があり、結果的に強制力がある権利とはいえない状況かを確かめます。

### ⑤ 権利を放棄したら？ 会38(3)② 適13(3)但書

　権利を放棄しても契約で引き続き強制力が認められるのなら、それは「今は請求しませんが将来はわかりませんよ」といっているのと同じです。つまり、実質的には強制力のある権利があるといえます。

### ⑥ 補足

　ここで検討している権利の内容は、無条件の権利でなくともOKです。無条件の権利を簡単にいうと、「約束は全て果たしたので、後は期限を待つだけ」という状況の権利のことです。また、支払予定があっても、それが「対価を収受する強制力のある権利あり」とは必ずしもイコールとはなりません。

## 7. 進捗度

### (1) 進捗度の基本ルール：首尾一貫させる 会42項

　進捗度は約束を果たした度合いを示す指標であり、収益を認識する金額や時期に影響します。ですから、履行義務の内容によって進捗度を理由なく変えることはできません。同じような履行義務で同じような状況なら、同じ方法で進捗度を測る必要があります。

図85 進捗度

### (2) 進捗度の注意点

　会計基準や適用指針ではインプット法とアウトプット法を示していますが、進捗度を測る上で注意点を設けています。両者の定義を簡単にいうと、アウトプット法は、すでに提供した商品と未提供の商品の比率を使って収益認識する方法で（例：製品10個受注で5個引き渡したから進捗度50%）、インプット法は、予想総インプットに占める使用済インプットの割合を使って収益認識する方法です（例：予想総コスト100で40発生済だから進捗度40%）。なお、アウトプット法で使う指標は引き渡し数量や達成したマイルストーンなどが、インプット法で使う指標には発生したコストや労働時間などがあります。主な注意点をまとめると、以下の通りです。どの方法を採用するかは、商品の性質にそって決めま

す。

## ① アウトプット法 適18項

　発生したアウトプットが、アウトプットの総量の見積りに含まれていなければ、アウトプット法は進捗度を適切に示しているとはいえません。例えばA・B・Cが成果物でAだけ完成したなら進捗度をアウトプット法で測ることができますが、「Dが完成しています」だと成果物の全体の見積りにDが含まれていないので、進捗度を計算しようがないということです。

## ② インプット法と非効率 適22項

　非効率に発生したインプットは、進捗度の計算で除外する必要がありますが、適用指針における「契約の価格に反映されていない著しく非効率な履行に起因して発生したコスト」という表現は、手戻り作業のようなものを想定していると思われます。

## ③ インプット法とコスト 適22項

　コストが進捗度の実態に比例せずに発生した場合は、進捗度の計算で取扱いを検討する必要があります。インプット法でコストを使うのが適している場面が適用指針22項で4つの要素が示されていますが、やや概念的なので以下のように設例9をあてはめるとイメージがしやすくなります。

- エレベータ設置を含む改装サービスは1つの履行義務（＝別個ではない）
- エレベータは契約の初期に引き渡された（＝約束を果たす相当程度前

149

に顧客が支配獲得）

- エレベータ購入代金1,500千円は予想コストの総額4,000千円に比べて重要（＝コストの総額に占める割合が重要）

- エレベータの設計や製造に関わっていない（＝第三者からの調達商品の設計や製造に重要な関与をしていない）

図86 進捗度の注意点

| アウトプット法 | 非効率 | コスト |
| --- | --- | --- |
|  |  |  |
| 当初見積りに入っている必要あり | 非効率で発生したインプットは除外 | インプットで使うには注意点がある |

## 8. 原価回収基準のフローチャート

### (1) 原価回収基準とは？

　簡単にいうと、発生した原価とイコールの収益を認識する方法です（＝利益相当額はゼロ）。「一定の期間」の要件に該当したら、進捗度の上昇に応じて収益を認識するのが原則です。一方で、常に合理的に進捗度を把握・見積可能というわけではありません。そんな中で進捗度を使うと、発生した収益の金額が「支配が顧客へ徐々に移転していく」という状況を忠実に表現できなくなってしまいます。ですから、進捗度を合理的に見積れない等の要件を満たしたら、進捗度を合理的に見積ることができる時まで原価回収基準を使います。

## (2) 原価回収基準判定フローチャート

　続いて、原価回収基準を採用するまでの流れを、フローチャートでみてみましょう。

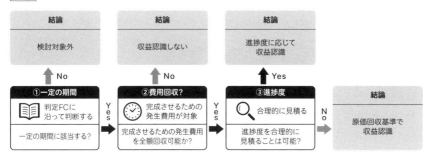

図87

| 結論 | 結論 | 結論 | | 結論 |
|------|------|------|---|------|
| 検討対象外 | 収益認識しない | 進捗度に応じて収益認識 | | 原価回収基準で収益認識 |

① 一定の期間
判定FCに沿って判断する
一定の期間に該当する？

② 費用回収？
完成させるための発生費用が対象
完成させるための発生費用を全額回収可能か？

③ 進捗度
合理的に見積る
進捗度を合理的に見積ることは可能？

### ① 一定の期間か？ 会38

　原価回収基準の採用は、検討対象の履行義務が「一定の期間」に該当することがスタートです。詳しい検討は6.で解説していますので、ご一読下さい。

### ② 完成させるために発生する費用の回収が見込まれるか？ 会45

　「費用の回収」の意味がイメージしにくいですが、これは「費用以上の収益が見込める」という意味です。例えば、履行義務を完全に果たしたときまでに発生が見込まれるコストが100で受け取る代金が120なら、「完成時に発生する費用の回収は見込まれる」となります。

### ③ 進捗度を合理的に見積ることは可能か？ 会45

　最後のフィルターは、「進捗度を合理的に見積れるか？」です。「合理的に」の意味するところが抽象的ですが、「合理的に見積れない」の意

味について会計基準139項では、「進捗度を適切に見積るための情報が不足している場合」と定めています。やや概念的ですが、進捗度がどの程度なのかは肌感覚として会社は把握できていると思います。その肌感覚と比べて違和感を覚えない進捗度を計算するための情報がないということを意図しているものと思われます。

## 9. 期間がごく短い判定 フローチャート

### (1) 解説

　続いて「一定の期間」の例外規定である「期間がごく短い」場合の判定フローチャートを解説します。

図88

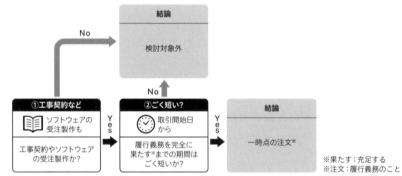

### ① 工事契約など 適95〜96

　例外規定は全ての契約に認められているわけではなく、工事契約とソフトウェアの受注製作に限定されています。つい「期間」に目が行きがちですが、対象契約なのかを忘れずに判定します。

## ② 期間がごく短い？ 適95

### 背景

　「一定の期間」で採用されるいわゆる進行基準は、お客さんと取り交わした義務を途中まで果たしつつあるという実態を損益計算書で表現することを目的にしています。そうすると、期間がごく短い「一定の期間」は、進行基準／完成基準のどちらで処理をしても大きな差は発生しない可能性が高くなります。そんな背景もあって会計基準では、「期間がごく短い」という例外規定が設けられました。

### ごく短いって具体的にどれくらい？

　会計基準ではっきりと示されていないので、規定の趣旨からおおよその目安を考えることになります。進行基準／完成基準のどちらで処理をしても、決算へ重要な影響を与えないのが規定の趣旨です。ですからこれは私見ですが、四半期を超えない程度の「期間がごく短い」が、基準の意図するところになるのではないでしょうか。

第1章
第2章
第3章
第4章
第5章
第6章
第7章
第8章
第9章
第10章
第11章
第12章
第13章
第14章

## ⑵ あてはめ

それでは、実際の取引例にあてはめてフローチャートをみてみましょう。

図89

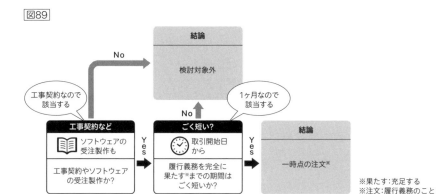

（解説）

以下の前提で解説します。

- A社と工事契約を締結。
- 工事期間は1ヶ月。
- 期間の途中で四半期末を迎えた。

### ① 工事契約など

A社との契約は工事契約なので、適用指針95項の適用となりうると判断しました。

### ② 期間がごく短い

工事期間は1ヶ月であり、進行基準／完成基準のどちらを採用しても決算へ与える影響に重要性はないと評価しました。その背景をふまえる

と適用指針95項「期間がごく短い」の趣旨に沿ったものと判断しました。

**結論**

　適用指針95項を適用し、完成基準で収益を認識しました。

## 10. 会計基準や適用指針の構成

### (1) 原則ルール：支配の移転

　大原則である「支配の移転＝収益認識」が会計基準35項で示されていて、いつ判定するのかは36項で、支配の意味は37項で定められています。これらの規定は、顧客との約束（＝履行義務）が果たされていくパターン別に収益を認識する2種類の規定（一定の期間／一時点）につながる、土台となる規定です。ですから、買い戻す条件が契約で定められていれば、別途検討が必要です。実質的には支配が移転しているとはいえない状況が発生しうるからです。

### (2) 一定の期間にわたり充足される履行義務

#### ① 判定

　いわゆる進行基準で収益を認識する履行義務はどんな要件を満たす必要があるのかを、会計基準38項で定めています。なお、38項は少なからず抽象的な規定なので、結論の背景の134～138項にかけて、解釈の指針が示されています。そして、具体的にどのように判定すればいいのかは適用指針9～13項にかけて規定されています。さらに、「別の用途に転用することができない資産」「対価を収受する強制力のある権利」については、適用指針の結論の背景の116～122項について解釈が示されていて、検討にあたって必読の規定です。設例では2種類の合計4つ

（設例7、設例8-1、8-2、8-3）が設けられていて、会計基準38項などをどのように実務的に検討していけばいいのかのあてはめ方・判断の仕方が示されています。

## ② 進捗度

　「一定の期間」に該当したら進捗度に応じて収益を認識しますが、会計基準では41～44項にかけて定められています。進捗度を測る方法は2つ（インプット法・アウトプット法）ありますが、決め方の方針が適用指針15項で示されています。その上で、進捗度を測定する上での検討ポイントがアウトプット法は17～19項で、インプット法は20～22項にかけて定められています。進捗度は約束が果たされていく度合いをパーセンテージで示すものですが、常に合理的に進捗度を計算できるわけではありません。そんな時に採用する原価回収基準は、会計基準45項で定められています。インプット法を使った進捗度の見積り方について、設例9で実務的にどうあてはめていくのか・検討していくのかという考え方が示されています。

## (3) 一時点で充足される履行義務
### ① 判定の手順

　「一定の期間に該当しなければ一時点」という考え方が、会計基準39項で示されています。

## ② 支配の移転時期の検討

　「いつ支配が移転したのか？（＝履行義務を充足した）」を検討するときに使う5つの指標は、会計基準40項で示されています。

図90 主な会計基準や適用指針の構成——履行義務の充足編

## 11. 代替的な取扱い

### ⑴ 一定の期間 適95 適96

　進行基準の例外規定である「期間がごく短い」が示された規定です。詳細はフローチャートで解説していますが、要件は2つあります。1つ目は「契約形態」で、工事契約と受注制作のソフトウェアに限定されています。2つ目の要件は「期間がごく短い」です。

### ⑵ 進捗度 適99

　例外的に収益を認識しない処理を認める規定です。「契約の初期段階」「進捗度を合理的に見積れない」という要件を満たしたときに使える規定です。契約の初期段階なら無条件でOKというわけではない点に注意が必要です。

## (3) 一時点 適98

　実務的に影響の大きい出荷基準が定められた規定です。「通常の期間」について定められていて、「国内取引」「出荷及び配送に要する日数に照らして取引慣行ごとに合理的と考えられる日数」という具体的な検討ポイントも示されています。

## 12. 履行義務の充足の注意点

### (1)「一定の期間」の検討漏れに注意

　収益認識会計基準が導入される前までの進行基準のイメージが強いこともあって、進行基準を適用する案件は○○という先入観をどうしても持ってしまいます。しかし会計基準では、全ての履行義務について「一定の期間に該当しないなら一時点」という流れで検討することを求めています。ですから、ステップ5では「一定の期間」の検討が漏れないように注意が必要です。

### (2)「一定の期間」は抽象的だが監査人の関心が高い

　「一定の期間」の具体的な要件を定めている会計基準38項は、「履行するにつれて（中略）便益を享受」をはじめ、かなり抽象的な規定です。一方で全ての履行義務で検討が必要なこともあり、監査人の関心が非常に高い規定でもあります。特に38項(3)①②はこれまでの会計基準では明確にされていなかったトピックでもあり、監査人が大きな関心を寄せています。決算での監査対応では、本章のフローチャートも参考に、しっかりとロジック構成をしておくことをおすすめします。

### ⑶ 支配の移転と代替的取扱いは別もの

　会計基準の原則的な考え方とは異なる例外規定の「代替的取扱い」では、出荷基準が認められています。しかしながら、「出荷時点＝支配の移転」というわけではないので、注意が必要です。結論OKならどちらでも変わらないと思ってしまいがちですが、そこを見落とすと「本来はNGだけど通常の期間に収まっているから出荷基準OK」という発想が抜けてしまい、通常の期間を超える案件（＝取引）について監査人から指摘を受けたときに慌てる結果となります。

図91

**一定の期間**

全履行義務が
検討対象

**会計基準38項**

抽象的だが
監査人の関心高い

**支配の移転**

代替的取扱いとは
分けて考える

## 13. ポジションペーパーのチェックポイント

　以下では、関連する会計基準・適用指針のポジションペーパーのチェックポイントを紹介します。

図92

| 一定期間 | 会38項(1) | 会38項(2) | 会38項(3)① |
|---|---|---|---|
|  |  |  |  |
| 全ての履行義務を検討対象へ | 後任やり直しサービスを前提 | 資産価値高まりそれを顧客が支配 | 契約上の制限実務上の制約 |

| 会38項(3)② | 支配移転時期 | 出荷基準 |
|---|---|---|
|  |  |  |
| 受け取れるか？利益部分も含む | 5つの指標の考え方 | 通常の期間は何日間か？ |

## (1) 全ての履行義務が検討対象

　「進行基準＝工事契約」というイメージがありますが、収益認識会計基準では全ての収益認識の履行義務について「一定の期間→一時点」の順序で検討することを求めています。ですから、これまでの印象では進行基準の検討が不要というイメージのあった履行義務であっても、「一定の期間の検討」のポジションペーパーを作る必要があります。監査人の関心が極めて高い論点なので、慎重にロジック構成を進めることをおすすめします。

## (2) 会計基準38項(1)

　「一定の期間」を判定する３つの要件の1つ目で、売主が顧客へ義務を果たしていくに従って顧客がその効果を事業へ活かせるか否かを問いかけている規定です。概念的な規定なので、適用指針９項の「後任の業者がやり直す必要があるか？」とセットにした構成でポジションペーパ

ーを作成します。なお、会計基準38項(1)は「サービスの提供」を想定
した規定であることが会計基準134～135項で示されているので、履行
義務の内容がサービスの提供以外であれば、会計基準134～135項を根
拠に検討を省略できます。

## (3) 会計基準38項(2)

　「一定の期間」を判定する３つの要件の２つ目で、売主による資産の
製造の進展に従って価値が高まっていき、それを顧客が支配していくこ
とを問いかけた規定です。会計基準135項で「仕掛品等の資産が生じる
／資産の価値が増加する」という一文がある通り、設例４にあるような
資産を作る業務を視野に入れた規定です。サービスの提供は想定してい
ない規定と思われます。

## (4) 会計基準38項(3)①

　「一定の期間」を判定する３つの要件の３つ目で、「別の用途に転用
できない資産」について会計基準・適用指針では、「契約上の制限」と
「実務上の制約」の２つを示しています。ポジションペーパーでも、こ
の２つの視点を検討していきます。契約上の制限については、取引基本
契約書などで確認して制限の有無を検討結果として書きます。契約上の
制限や実務上の制約については、代替品を充当するときのコスト・転用
／転売するときのコスト・値下げ販売・転売時の赤字が示されています。
代替・転用のコストや転売の規定では「多額の」「著しく」「重要な」が
付されていますが、どの程度の金額なのかを具体的に示した規定があり
ません。そのため、具体的な金額（割合）について会社としての考え方
を示します。具体的な規定がない以上は、一般通念から大きく外れたも
のでなければ、監査人と大きな議論にはならないものと思われます。

第1章
第2章
第3章
第4章
第5章
第6章
第7章
第8章
第9章
第10章
第11章
第12章
第13章
第14章

## ⑸ 会計基準38項⑶②

　「一定の期間」を判定する3つの要件の4つ目で、売主都合ではない中途解約で「仕事が途中まで進んだ部分の売上代金の取扱い」について、契約でどのように取り決められているかをポジションペーパーでまとめていきます。具体的には4つの視点について検討します。1つ目が「契約書で具体的に取り決めている場合の合意内容」で、2つ目は「契約書で権利が明確でない場合に売上代金を受け取れるか?」です。そして3つ目が、「売上代金を受け取れるなら利益部分まで受け取れるか?」で、最後の4つ目は「これまでの中途解約での代金回収実績」です。契約書などではっきり書かれていない可能性も十分考えられるので、そのときは「契約書で明確に触れられていない場合の解釈」について自社の顧問弁護士に聞いてみるなどして、考え方のアドバイスをもらうのも1つの方法です。

## ⑹ 一時点の検討での5つの指標のあてはめ

　支配の移転の検討で参考にする5つの指標は会計基準40項で示されていますが、全て満たすことまでは必ずしも求められていません。自社のビジネスの特徴に照らすと「満たすべき指標」は何かを特定した上で、その指標に照らした検討結果をポジションペーパーへ記載します。なお、会計基準40項は「一時点」を視野に入れた支配の移転に関する指標なので、「一定の期間」の検討では触れる必要はありません。また、出荷基準は「支配の移転」に関する例外規定なので、検討結果が「出荷時点」でなくても問題はありません。「40項に照らすと引渡時点が支配の移転時点だけど、出荷時点〜引渡時点が通常の期間内に収まっているから、出荷基準を採用可能」というロジック構成でOKです。

## ⑺ 出荷基準

　モノを売るビジネスをしている会社では出荷基準はほぼ必須の検討論点ですが、ポジションペーパーでの検討ポイントは2つです。1つ目は、適用指針98項で触れられている「通常の期間」が具体的にどの程度の日数なのかを検討する作業です（2つ目は国内取引）。会計基準や適用指針は具体的な日数は明らかにしていないものの、同じく98項で「国内における出荷及び配送に要する日にち」、171項では「数日間」程度と示されています。したがって、これらの規定を参考にしつつ自社の状況を調査した上で、「通常の期間」が何日間かを具体的にポジションペーパーへ書きます。

第1章
第2章
第3章
第4章
第5章
第6章
第7章
第8章
第9章
第10章
第11章
第12章
第13章
第14章

# 監査人は何がお好み？

　全ての取引について完璧に会計ルールが網羅されているわけではありません。複雑化・非属人化が進んだ監査ですが、監査人の判断の余地がまだ十二分にあるので、監査人と交渉する場面がたくさんあります。交渉事は人間同士のやり取りですから、相手の好みや思考回路を知っておくと、有利に進めることができます。監査人に共通するのは「他社事例が好き」ということです。監査は手続をしたらそれで終わりではなく、監査の過程で作った監査調書をレビュー（≒チェック）されます。監査人は、レビューで深刻な指摘を受けることをとても嫌います。レビューで指摘されないためには、会計ルールに忠実に・他社でも認められている処理をするのが王道です。そんな監査人の思考回路に寄り添って安心させるのが、「他社事例」です。もちろん他社事例さえあればよいというわけではなく、会計基準の解釈でも認められうることを合わせて主張する必要はあります。他社事例と会計基準の解釈は、いわば「車の両輪」のような関係です。ですから何かのトピックで協議することがあれば、他社事例をもう少し意識してみてはいかがでしょうか？

図93 **監査人の好み**

一番の関心

監査調書レビューを
気にしている

他社事例

他社の監査判断が
わかる

会計ルール

会計ルールに
忠実に

# 第 9 章

## 個別論点

## 保証

# 個別論点 保証

　ここからは、個別論点のうち主なものをみていきます。まずは保証です。

## 1. 合意された仕様に従っているという保証と保証サービス

### (1) 考え方

　製品を買った顧客としては、可能な限り長く製品を問題なく使いたいと思っているでしょう。一方で製品はモノですから将来的に何らかの不具合が発生することもあり得ます。そんなことを想定して、あらかじめお金を払っておいて、将来的に保証サービスを受ける取引があります。一方で、顧客へ引き渡した製品に何らかの問題があったら、無償で修理したり場合によっては代替品と交換することもあります。このような取引を決算書へ反映するために、適用指針では保証を2種類に分けて会計処理を定めています。

### (2) 二種類の保証と会計処理

#### ① 合意された仕様に従っているという保証

　製品を売った時点で既に何らかの不具合を抱えていた場合に対応するための保証です。つまり、独立した履行義務というよりは、顧客と合意した製品をそもそも提供していないので「瑕疵担保責任がある」とみることができます。ですから、①に該当する場合は、独立した履行義務と捉えるのではなく、発生が見込まれる費用を引当金処理するのが実態に

166

合っています。

### ②保証サービス

　将来に起こる可能性のある製品の不具合を見越して、あらかじめ代金を払っておく取引です。つまり、保証サービスという製品を製造して引き渡す履行義務とは別の義務を負っているのが特徴です。ですから収益認識を検討する上では、保証サービスに見合う取引価格は、製品を売った時点では収益認識せずに、実際に製品の不具合が発生して保証サービスを提供したら収益認識をします。

図94 二種類の保証と会計処理

**二種類の保証**
合意された保証※
保証サービス

**合意された保証**
瑕疵担保責任的な
保証のこと

**保証サービス**
製品とは別の
独立した履行義務

※正式には「合意された仕様に従っているという保証」

## 2. 判定フローチャート

### (1) 解説

　製品保証が、合意された保証に加えて保証サービスを含むかの判定フローチャートを解説します。

### ① 保証サービスと明言しているか？　オプションは？

　顧客との契約で「保証サービス」と明言しているのなら、議論の余地

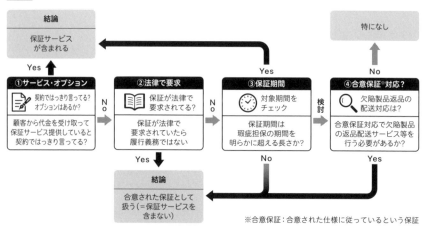

図95

結論
保証サービス
が含まれる

特になし

①サービス・オプション
📝 契約ではっきり言ってる？
オプションはあるか？

顧客から代金を受け取って
保証サービス提供していると
契約ではっきり言ってる？

②法律で要求
📖 保証が法律で
要求されてる？

保証が法律で
要求されていたら
履行義務ではない

③保証期間
🕐 対象期間を
チェック

保証期間は
瑕疵担保の期間を
明らかに超える長さか？

④合意保証※対応？
🔍 欠陥製品返品の
配送対応は？

合意保証対応で欠陥製品
の返品配送サービス等を
行う必要があるか？

Yes

No

No

検討

結論
合意された保証として
扱う（＝保証サービスを
含まない）

Yes

No

Yes

※合意保証：合意された仕様に従っているという保証

なく保証サービスとして収益認識します。また、値段が付けられている
など保証サービスを単独で購入できるオプションがあるなら、別の履行
義務として扱います。約束した機能の商品を提供する義務とは別の義務
だからです。ですから、契約内容の確認から判定をスタートします。

## ② 法律で保証を要求しているか？ 適37⑴

　顧客へ提供する製品を対象とする法律で保証対応するよう求められて
いるのなら、それは独立した履行義務としては捉えずに、合意された保
証として処理します。欠陥のある製品を購入するリスクから、お客さん
を守ることを目的にしているからです。

## ③ 保証期間の長さは？ 適37⑵

　顧客は製品を手にした瞬間に不具合を全て把握できるわけではなく、
しばらく使ってみて初めて不具合が把握できることだってありえます。
ですから、瑕疵担保責任はある程度の期間をみておく必要があります。

一方でそれなりに長期間になってくると、見つかった場合は初期不良というよりは使っている過程で経年劣化で発生した不具合になります。ですから、保証期間をどの程度取っているのかも重要な注目ポイントです。

### ④ 合意された保証の対応内容は？ 適37(3)

合意された保証で何らかの問題のあった商品や製品を返送する配送サービスなどの作業が発生する可能性がありますが、配送サービスは履行義務としては捉えません。あくまで保証の活動の一環としての業務だからです。

## (2) あてはめ

それでは、実際の取引例にあてはめてフローチャートでみてみましょう。

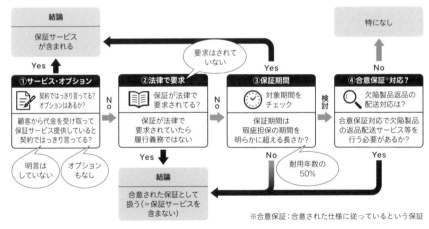

図96

結論
保証サービス
が含まれる

Yes ↑

要求はされて
いない

①サービス・オプション
契約ではっきり言ってる？
オプションはあるか？
顧客から代金を受け取って
保証サービス提供していると
契約ではっきり言ってる？

明言は
していない　オプション
もなし

No →

②法律で要求
保証が法律で
要求されてる？
保証が法律で
要求されていたら
履行義務ではない

Yes ↓

結論
合意された保証として
扱う（＝保証サービスを
含まない）

③保証期間
対象期間を
チェック
保証期間は
瑕疵担保の期間を
明らかに超える長さか？

No
耐用年数の
50%

検討 →

Yes

④合意保証※対応？
欠陥製品返品の
配送対応は？
合意保証対応で欠陥製品
の返品配送サービス等を
行う必要があるか？

Yes

特になし

No ↑

※合意保証：合意された仕様に従っているという保証

（解説）

　以下の前提で解説していきます。

- N社は製品Gを販売。
- 製品Gの耐用年数の50％の期間は無償修理を行う旨が契約書に書かれている。
- 契約書で保証サービスは明示していない。
- 保証は法律で要求されていない。
- 購入オプションはない。

**① 保証サービスと明言しているか？　オプションはあるか？**

　保証サービスと明言はしていませんし、オプションもありません。

**② 法律で保証を要求しているか？**

　要求はされていません。

**③ 保証期間の長さは？**

　合意された保証※であれば製品Gの耐用年数の初期に限定されるのが通常であり、耐用年数の50％の保証期間は実質的には「製品を長く使いたい」という顧客の要望に応える別のサービスと捉えるのが自然と考えられます。よって、当契約は適用指針の「合意された保証」に加えて「保証サービス」を含んでいると判断しました。

※合意された保証：合意された仕様に従っているという保証

## (3) 注記事例の紹介

　続いて、有価証券報告書の注記から三浦工業の事例を選んで、フロー

チャートでみてみましょう。

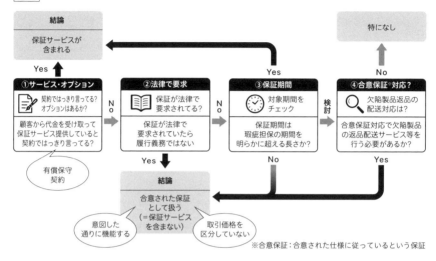

図97

（解説）

- 顧客と有償保守契約を締結。
- 意図した通りに機能するアシュアランスを提供。
- 解説は注記事例をもとにした筆者の推測です。
- 出典：三浦工業2020年3月期有報93ページ（IFRS）

### ① 保証サービスと明言しているか？ オプションは？

　オプションの有無は不明ですが、注記で「有償保守契約」「お客様からの個別発注」という記載があり、合わせて有償であることも示されているので、事実上保証サービスと明言していると考えられます。

## ② 合意された保証について

　詳しい背景情報は注記からは読み取れませんが、製品保証について「合意された仕様に従っている」「意図した通りに機能するというアシュアランスを提供」「独立した履行義務ではない」「取引価格を区分していない」という表現から、合意された保証についても注記で考え方が示されていることが伺えます。

## 3. 会計基準や適用指針の構成

　適用指針34〜38項で、保証サービスを含むかの判定をはじめ5つの規定が設けられています。

図98 主な会計基準や適用指針の構成 —— 保証編

※合意保証：合意された仕様に従っているという保証

## (1) 合意された保証

　いわゆる瑕疵担保責任的な保証である「合意された仕様に従っているという保証」は、適用指針34項で会計処理（引当金）とともに示されています。

## (2) 保証サービス

　顧客からお金を受け取ってサービスとして提供する保証サービスにつ

いては、適用指針35項で独立した履行義務として扱うという会計処理とともに示されています。

### (3) 保証サービスの判定

適用指針37項では、はっきりと保証サービスが把握できない場合の見分け方として、3つの要因を列挙しています。また、どのように判定すればいいかの実務上の判断例として設例16も設けられています。

## 4. 保証の注意点

### (1) 保証サービスをはっきり謳っていないケース

実務でははっきりと保証サービスと謳われていないケースも十分考えられるので、適用指針37項で示されている3つの要因をベースに判定します。なお37項(2)では期間の長さについて明確に何年と書かれてはいないので、合意された保証の性質や保証サービスの趣旨をふまえて、自社の考え方のロジック構成をしてみてはいかがでしょうか。

### (2) 区分できないケース

保証が、合意された保証と保証サービスを両方含んでいて、区分して合理的に処理できないなら、両者は一括して保証サービスとして処理します。

### (3) 正常品との交換

返金を認めている場合は返品権付き販売（13章参照）として処理しますが、そうでない場合は合意された保証のみか、保証サービスのオプションを持っているかの判断をして処理します。

## 5. ポジションペーパーのチェックポイント

### (1) 会計処理別に書く

　適用指針では2つの保証（合意された仕様に従っているという保証・保証サービス）を定めているので、ポジションペーパーでも2つの保証別に書きます。まとめ方の視点からいうと、2つの保証をそれぞれ別のポジションペーパーにする方が、まとめやすいと思います。いずれも、①保証の判定 ②会計処理（と根拠情報）という形で書くと、決算での参考情報・監査対応のどちらにも有益だと思います。

### (2) 保証サービスの判定

　注意点でも触れましたが、保証サービスが明確に把握できない場合は適用指針37項にあてはめる形で検討し、ポジションペーパーへ反映していきます。37項では「保証の対象となる期間の長さ」について触れていますが、具体的な年数は特に言及がありません。ですから、2つの保証の趣旨を踏まえた自社案を（注記で表に出すかはともかく）ポジションペーパーで示しておくのが望ましいと考えられます。

図99 ポジションペーパーのチェックポイント

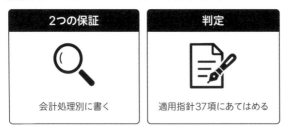

監査対応コラム

# 監査チーム構成と折衝の仕方

「○○は監査チームの誰に相談すればいいのかなぁ」の答え
は「持っている権限」で考えます。

監査スタッフと接点を持つ機会は多いですが、判断をする権
限は持っていません。後で上司の方に翻されるリスクがあるの
で、判断を求めるのは避けて、様子伺いの相手と位置付けるの
がいいと思います。

主査に会う機会は監査スタッフより減りますが、判断をする
権限をある程度与えられています。監査意見を左右しない程度
のトピックの交渉をするときは、主査を相手に議論するのがい
いと思います。会社のことをある程度わかっていて、しかも権
限もある程度持っているからです。

監査意見を左右するような重要トピックの交渉相手は、やは
りパートナーです。また、主査に同席を求めて議論すると深い
議論ができます。

審査パートナーは監査意見に影響を及ぼしうる存在ですが、
監査チームからは独立した存在です。ですから、パートナーや
主査を通して間接的にコミュニケーションするといいと思います。

図100 折衝の仕方

監査スタッフ
判断を求めるのは
避ける

主査
監査意見を
左右しないトピック

パートナー
主査同席のもので
重要論点の議論を

審査パートナー
パートナーや主査を
通して依頼

第10章

個別論点

本人・代理人

## 個別論点 本人・代理人

### 1. 対象取引

#### (1) 取引当事者が3者以上

　第9章まで解説してきた内容は、「売主と顧客」という2者を暗黙の前提としていました。一方で実際の取引では、取引当事者が3者以上になることも少なくありません。適用指針では、当社以外の者のことを「他の当事者」とよんでいます。そんな、3者以上の取引を検討対象にしたトピックが「本人・代理人」です。

#### (2) 何がトピックか？

　売主と売主をサポートする会社（以下「協力者」）は誰かを判定する必要があることです。ですから会計基準でも、売主・協力者を判定する規定が定められています。

#### (3) なぜ判定が必要か？

　自社が本人（＝売主）に該当するか、代理人（＝協力者）と判定されるかで収益の金額が変わるからです。簡単な例でみると理解しやすいと思います。例えば航空券を150千円で調達してそれを消費者に200千円で販売する取引を考えてみます。仮に自社が本人と判定されると収益は200千円（＆原価は150千円）となり、代理人に該当すると収益は50千円（＆原価は0円）となります。どちらに判定されても利益への影響はありませんが、日本では売上高がより重視されるので、経営への影響は小さくありません。

図101 対象取引

| 特徴 | 問題点 | 判定の必要性 |
|---|---|---|
|  |  |  |
| 取引当事者が<br>3者以上 | 売主と協力者を<br>判定する必要 | 売上高と売上原価が<br>異なるから |

## 2. 本人と代理人

　3者以上の取引で登場する「本人」「代理人」について、簡単に解説します。

### (1) 本人

　顧客と取り交わした「商品を提供する」という約束を、自ら果たす役割を担う者のことをいいます。本書で「売主」と示している会社のことでもあり、商品に何らかの問題があれば責任を負うべき立場にあります。

### (2) 代理人

　売主が問題なく顧客へ商品を提供できるようにサポートする（＝手配する）立場にある者のことをいいます。本書では「協力者」という表現を使っています。

## 3. 判定の考え方

　取引の当事者が3者以上の取引でも収益認識の基本的な考え方は特に変わらず、「顧客への支配の移転」を重視します。ですから3者以上の

取引では、「顧客へ商品を提供する直前に支配しているのは誰か？」に注目します。直前に契約を結んでから顧客へ商品を引き渡すまでの間に商品を支配しているのなら本人となり、支配していないのなら代理人と判定されます。なお、適用指針では検討対象の商品のことを「特定の財又はサービス」とよんでいます。

図102 本人・代理人の登場人物

顧客
売主の商品を受け取る者

本人
商品を提供する約束を果たす者

代理人
売主をサポートする協力者

※商品：(自社の)財又はサービス

## 4. 3つの指標

### (1) なぜ3つの指標がある？

　一方で実務では、提供する直前に商品を支配しているのは誰かがはっきりとしないケースもあります。そんな場面を想定して適用指針では「3つの指標」が定められていて、提供直前の支配の判定のときに合わせて検討することが求められています。

### (2) 3つの指標とは？

#### ① 契約の主たる責任 適47(1)

　商品が仕様を満たしていることについて、前面に立って一義的に責任を負うべき立場にあるのは誰かを検討する指標です。

## ② 在庫リスク 適47⑵

　商品を提供する前と後に在庫リスクを誰が負っているかに注目する指標です。在庫リスクを簡単にいうと、在庫を持っていたら負担するコスト（保管料・保険料など）や陳腐化のリスクを負うことをいいます。お客さんへの提供前に在庫リスクを負っていたら、お客さんへの提供直前に商品を支配している可能性が高くなります。例えば、再販売可能か未確定の状況で航空会社から航空券を購入・支払いを約束するケースでは、在庫リスクを負っています。また、提供後に顧客が返品権を持っていてそれを行使して実際に商品が返品された場合に、在庫を持つべき立場にあれば、「提供前に商品を支配していた」という判断を裏付ける有力な根拠となります。

## ③ 価格裁量権 適47⑶

　顧客へ提供する商品の値段を決められる立場にあるのは誰かを検討する指標です。

## (3) 3つの指標の役割と注意点

### ① 役割

　3者以上の取引で、「顧客への商品の支配の移転」の判断をサポートすることなので、単独では評価しません。また、商品や契約条件で関連度合いや重視する指標も異なります。

### ② 注意点

　サポートするという役割から、3つの指標の評価だけをすればOKというわけではありません。また、顧客へ提供する直前に商品を支配している者が誰か明らかな場合に、判定を覆すこともありません。

図103 本人・代理人の３つの指標

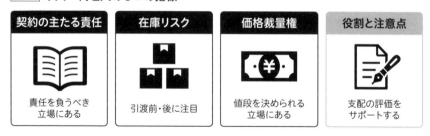

| 契約の主たる責任 | 在庫リスク | 価格裁量権 | 役割と注意点 |
|---|---|---|---|
| 責任を負うべき立場にある | 引渡前・後に注目 | 値段を決められる立場にある | 支配の評価をサポートする |

## 5. 本人・代理人の判定フローチャート

### (1) 解説

以下が、本人・代理人の判定フローチャートです。

図104

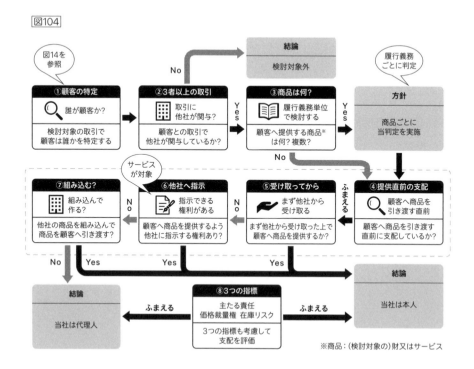

### ① 顧客の特定 会6

　3者以上の取引でも変わらず、顧客は誰なのかの特定から判定を進めていきます。

### ② 3者以上の取引 適39 適40

　本人・代理人の判定は3者以上の取引で出てくるトピックなので、顧客へ提供する商品が何かの把握に加えて、3者以上が関与する商品提供取引を把握します。

### ③ 商品は何？ 適41 適42

　本人・代理人の判定は、履行義務単位で検討をします。本書では履行義務になる財又はサービスのことを単に「商品」とよんでいますが、商品が異なることに本人・代理人の判定をします。また、協力者を外注先として、お客さんとの約束の全部／一部を果たさせる場合も、自社が売主（＝本人）となる可能性はあります。

### ④ 提供直前の支配 適42 適43 適45

　判定対象の商品を顧客へ提供する直前に自社が支配しているかを⑤〜⑧をふまえつつ判定します（＝商品の使い方を決められる立場にあるか？）。支配していれば、3つの指標の評価は行うものの、自社が本人となります。ちなみに、⑤〜⑧の検討について適用指針の設例では、④の検討にあたって⑤〜⑧を考慮する整理がされています。なお、仮に法的所有権を自社が手にしていても、すぐにお客さんへ移転されるなら、自社が必ずしも商品を支配していることにはなりません。

## ⑤ 受け取ってから提供する？ 適44(1)

　提供直前に支配していない場合でも、後日他社から商品を受け取った上で顧客へ提供することが決まっていれば、自社は本人となります。検討対象の商品を事実上支配しているからです。例えば、再販売できるか未確定の状況で、あらかじめ航空会社から航空券を購入し、代金を支払う約束をするケースです。

## ⑥ 他社へサービスの提供を指示する権利がある？ 適44(2)

　たとえ提供直前に支配していなくても、他社に対してお客さんへサービスの提供を指示する権利を持っていれば（＝支配している）、実質的に提供直前に支配しているのと同様と考えられます。ですから、このように他社へ指示する権利があれば、自社は本人となります。例えば、外注業者へサービス提供先を指示できる権利です。その権利そのものを顧客へ渡すわけではないので、顧客は外注業者に対してサービス提供を指示できません。

## ⑦ 組み込む？（統合する重要なサービス）適44(3)

　他社から調達した商品を組み込んで（＝統合させて）提供物を仕上げて、それを顧客へ提供することが想定された規定です（＝統合された商品は支配されている）。該当すれば、自社は本人となります。

## ⑧ ３つの指標の評価 適47
### 契約の主たる責任 適47(1)

　商品に何らかの問題があった場合に責任を負うのは誰かを評価する指標です。例えば消化仕入では、商品に問題があった場合に責任を負うのは小売業者ではないので、契約の主たる責任は負いません。

## 在庫リスク 適47(2)

　商品を提供する前と後に在庫リスクを誰が負っているかに注目する指標です。例えば消化仕入では、消費者から商品を返品されても小売業者が在庫リスクは負担しません。

## 価格裁量権 適47(3)

　顧客へ提供する商品の値段を決める立場にあるのは誰かを評価する指標です。例えば消化仕入では、値段の決定権は小売業者にはありません。

第1章
第2章
第3章
第4章
第5章
第6章
第7章
第8章
第9章
第10章
第11章
第12章
第13章
第14章

## ⑵ あてはめ

それでは、実際の取引例にあてはめてフローチャートをみてみましょう。

図105

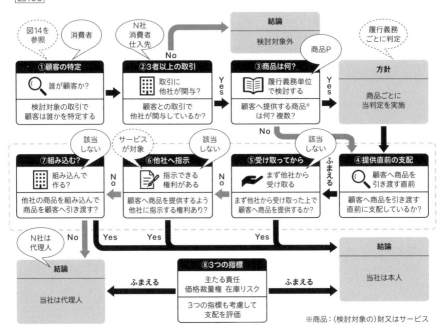

（解説）

以下の前提で解説します。

- N社は消費者へ商品Pを販売する小売業者。
- 仕入先と消化仕入契約を結ぶ。
- 顧客への商品販売時点で定められた手数料を受け取る。

### ① 顧客の特定

　N社が販売する商品（＝仕入先の商品）を使う者は消費者なので、当取引での顧客は消費者です。

### ② ３者以上の取引

　当取引では、商品の仕入先・N社・消費者の３者なので該当します。

### ③ 商品は何？

　当取引の商品Ｐの提供（＝履行義務）は単独の履行義務です。

### ④ 提供直前の支配

　商品Ｐが店舗へ納品されてもN社は検収を行わず、法的所有権もありません。また、商品Ｐが顧客へ販売されるときに瞬間的にN社が所有権を手にしますが、同時に顧客へ移転します。

### ⑤ 受け取ってから提供する？

　商品ＰはN社の店舗にあるものの検収行わず法的所有権もなく、顧客への販売までN社が手にすることはありません。よって、当要件には該当しないと判断しました。

### ⑥ 他社へサービス提供を指示する権利がある？

　商品Ｐを誰へどのように販売・提供するかを決める権利は仕入先にあり、N社にはありません。よって、当要件には該当しないと判断しました。

## ⑦ 組み込む？（統合する重要なサービス）

該当しません。

## ⑧ 3つの指標の評価

### 契約の主たる責任

店舗に並べる商品の種類や価格帯などのいわゆるマーチャンダイジングについては一定の関与はするものの、具体的にどの商品を揃えるかや販売価格を決めるのは仕入先です。また、商品に何らかの問題があった場合に一義的に責任を負うのも仕入先です。よって、当要件には該当しないと判断しました。

### 在庫リスク

商品の納入から顧客への引渡前、そして引渡後も、Ｎ社は在庫リスクを一切負っていません。

### 価格裁量権

販売価格の決定権は仕入先にあるので、価格裁量権はありません。

## ⑨ 結論

当消化仕入契約でＮ社は、自らの履行義務は商品Ｐを仕入先が顧客へ提供するように手配することであり、Ｎ社は代理人に該当すると判断しました。

## ⑶ 注記事例の紹介

　続いて、有価証券報告書の注記から、エアトリグループの事例を選んでフローチャートをみてみましょう。

図106

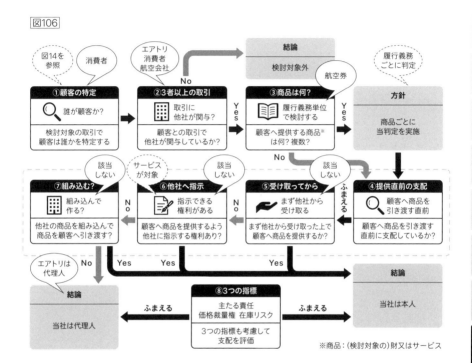

（解説）

　以下の前提で解説します。解説は注記事例をもとにした筆者の推測です。

- エアトリグループ（以下「エアトリ」）は航空会社等と旅行する消費者の間に立って航空券などの旅行商材を提供。
- エアトリは総合旅行プラットフォーム「エアトリ」を運営。
- 出典：エアトリ2019年9月期有報77ページ

### ① 顧客の特定

旅行をする消費者が顧客です。

### ② 3者以上の取引

当取引では航空会社・消費者・エアトリの3者が関わった取引です。

### ③ 商品は何？

航空券などの旅行商材の提供という単一の履行義務です。

### ④ 提供直前の支配

注記で明確には書かれていませんが、エアトリはプラットフォームを提供しているのみと思われます。

### ⑤ 受け取ってから提供する？

該当しないと思われます。

### ⑥ 他社へサービス提供を指示する権利がある？

注記で明確には書かれていませんが、エアトリはプラットフォームを提供しているのみで、航空会社等にどの顧客へ提供するかを指示はしていないと思われます。エアトリには航空券の提供先を指示する権利がないからです。

### ⑦ 組み込む？（統合する重要なサービス）

該当しません。

## ⑧ 3つの指標の評価

### 契約の主たる責任

　旅行商材を顧客へ提供する義務は航空会社などが負っています。したがって、何らかの問題が発生した場合に一義的に責任を負うのは、航空会社等です。

### 在庫リスク

　旅行商材の顧客への提供前にエアトリは支配していないですし、何らかの問題が発生し旅行商材の返品が発生した場合、在庫リスクを負うのは航空会社などです。

### 価格裁量権

　航空会社等（在庫リスクも同じ）が決めています。

## ⑨ 結論

　以上の検討の結果エアトリは、代理人に該当すると判断したものと思われます。

## 6. 会計基準や適用指針の構成

　本人・代理人の論点は、会計基準では規定がなく、全て適用指針で定められているのが特徴的です。

### (1) 会計処理

　いわゆるグロス／ネットの会計処理について定められているのが適用指針39項と40項で、会計処理の解説から本人・代理人の規定はスター

トしています。

## ⑵ 検討単位

　適用指針では「特定の財又はサービス」という用語で示されていますが、本人・代理人の検討は別個の財又はサービス（＝履行義務）の単位で行う旨の規定が適用指針41項で示されています。

## ⑶ 検討手順

　本人・代理人の判定をどのように進めていくのかについて定めているのが適用指針42項で、検討対象の商品を特定した上でお客さんへの商品の提供前に支配しているかを判定するという２つのステップが示されています。

## ⑷ 判定

　収益認識会計基準の基本方針である「顧客への支配の移転」は本人・代理人でも踏襲されていて、「顧客へ提供する直前に支配しているのは誰か？」という視点で規定が設けられています。判定に関する規定は適用指針43項と44項に定められています。そして、具体的なあてはめ方の事例は、設例で４つ示されています。設例17は代理人のケースで、設例18と設例19は本人、そして設例20では本人と代理人の両方に該当するケースが紹介されています。また、設例30では小売業の消化仕入が解説されています。

## ⑸ ３つの指標

　本人・代理人の判定で有名な３つの指標（本章４．３つの指標）は、適用指針47項で示されています。

図107 主な会計基準や適用指針の構成——本人・代理人編

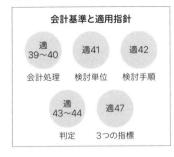

**会計基準と適用指針**

- 適39〜40 会計処理
- 適41 検討単位
- 適42 検討手順
- 適43〜44 判定
- 適47 3つの指標

**設例**

- 設例17 代理人
- 設例18〜19 本人
- 設例20 両方あり
- 設例30 消化仕入

## 7. 代替的な取扱い

代替的な取扱いでは本人・代理人に関する規定はありません。

## 8. 本人・代理人の注意点

### ⑴ 商品単位で検討する

本書では履行義務（＝財又はサービス）のことを「商品」とよんでいますが、本人・代理人の検討では履行義務単位で行います。「当社は親会社だから本人で、子会社は代理人」と思ってしまいがちですが、判定は会社単位や会社の立場で行うものではありません。それぞれの履行義務について、本章で解説した手順で判定をしていきます。ですから、親会社が特定の取引では代理人となり、子会社が別の取引では本人と判定されることもあります。

### ⑵ 3つの指標の検討

顧客へ商品を提供する直前に支配しているのは誰かを判定するのが、本人・代理人の判定の基本方針です。3つの指標の検討は、この支配の

評価をサポートするのが役割で、支配の評価を覆すものではありません。ですから、「本人・代理人の検討は3つの指標さえ検討すればいい」というわけではありませんので、注意が必要です。

図108 本人・代理人の注意点

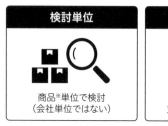

検討単位

商品※単位で検討
（会社単位ではない）

3つの指標

サポートが役割
支配の評価を覆さない

※商品：（検討対象の）財又はサービス

## 9.ポジションペーパーのチェックポイント

多くの会社で対象になる論点ですので、本人・代理人のポジションペーパーに取り込んでおきたいポイントを紹介します。

### (1) 顧客の定義

本人・代理人の検討では「誰が本人・代理人か?」にフォーカスされますが、検討を始める前に、そもそも「顧客は誰なのか?」は商品（＝特定の財又はサービス）の検討と並んで欠かせない検討ポイントです。ポジションペーパーでは、会計基準6項の3つの要件にあてはめつつ、作成していきます。

### (2) 商品の判定（＝特定の財又はサービス）

前述の(1)と並んで真っ先に作成すべきトピックです。「特定の財又はサービス」という用語のイメージが掴みづらいですが、簡単にいうと

「検討対象の取引」のことで、本書では「商品」とよんでいます。会計基準の用語なら、「別個の財又はサービス」のことです。本人・代理人の検討は、会社単位ではなく商品単位で行うので、まずはどの取引を検討するのかを把握しましょうということです。つまり、特定の財又はサービスの判定は、「検討対象の履行義務を決めること」と解釈します。

## (3) 誰が本人・代理人かの判定

　「顧客へ提供する直前に商品を支配しているのは誰か?」について規定されている適用指針43項と44項では、検討対象の取引があてはまるかどうかを検討していきます。検討の流れは、適用指針43項で自社が支配しているかどうかを適用指針44項の3つの要件に該当するかもふまえながら判定していきます。3つの要件のイメージは【図104】の感じで、どれかにあてはまれば自社は本人で、どれにもあてはまらなければ自社は代理人となります。ですから、当社と顧客以外の他社が関与する取引があれば、履行義務の数だけポジションペーパーを作る方が、わかりやすい構成になります。

## (4) 不明確な場合の検討指標

　本人・代理人の検討でいわば代名詞的な扱いになっている、主たる責任・在庫リスク・価格裁量権のいわゆる「3つの指標」は、本人・代理人の検討過程で「顧客への提供前に誰が支配しているか?」が明確でない場合に役立ちます。このあたりの考え方は適用指針136項の「当該指標による評価は、支配の評価を覆すものではなく」「単独で行われるものでもない」という一文に垣間見えます。であれば、支配の評価が不明確な場合にだけ3つの指標をポジションペーパーで取り上げればいいと考えてしまいますが、仮に支配の評価が明確な場合であっても、3つの

195

指標は検討します。支配の評価が明確であれば、３つの指標の評価が異なる結果になるのはかなり限定的でしょうし、監査人の指摘を受けて慌てて作成することを防ぐこともできます。

図109 ポジションペーパーのチェックポイント

| 顧客 | 判定単位 |
|---|---|
| 検討対象の取引で誰が顧客か? | 商品単位で行う |

| 判定 | 役割 |
|---|---|
| 履行義務の数だけ適43、44項を検討 | 支配の評価をサポートする |

※商品:（検討対象の）財又はサービス

196

監査対応コラム

# 監査人も間違うことがある

　「監査人から○○って言われたから対応しなきゃ」日頃の監査では監査人からいろんな指示が出たり、指摘を受けることもあります。納得できるなら特に問題はありませんが、「妙に腹落ちしないなぁ」と感じることはありませんか？　そんな時は、監査人の話を鵜呑みにせずに、一旦立ち止まって考えてみることをおすすめします。監査人も間違えることがあるからです。既に十二分に実務に浸透しているトピックでは間違う可能性は高くありませんが、収益認識会計基準のような新しい会計基準だったり、税効果会計のような難しい会計基準では、監査人でも間違うことがあります。一方で「間違えてるよ！」とストレートに指摘すると人によっては感情的になることもあるので、「少し黙って時間をおいてみる」ことをおすすめします。ポイントは、「同意しない」「少し考えてみるという返事」です。監査人へ冷静に考える時間を与えることで、気付いてもらうというアプローチです。もちろんいつまでも待つわけにいかないので会社側でも自社見解が正しいかの再確認や時間管理は必要ですが、案外効果のある進め方だと思います。

図110 腹落ちしない時の解決策

| 場面 | 解決策 | 注意点 |
|---|---|---|
|  |  |  |
| 腹落ちしないとき | 少し時間をおく | 会社側で時間管理する |

第11章

個別論点

ポイント制度

## 個別論点 ポイント制度

### 1. 会計処理の考え方

#### (1) 取引の実態

　みなさんにとって身近なトピックで、小売業で広く用いられてきたポイントの発行は、ポイント引当金の処理が主に使われてきました。一方で取引の実態に注目すると、将来の商品購入の代金に充てられるという特徴があります。であれば、ポイントの発行に対応する金額は発行した時点で収益認識すべきではなく、実際に顧客がポイントを使って商品を購入したり、ポイントの期限がきて失効したときに収益認識するのが実態に合っています。

#### (2) 収益認識の考え方

　収益認識は履行義務の単位で検討・判断しますが、ポイント制度も例外ではありません。ですからポイント制度の収益認識を検討する上では、ポイントを使うときに発生する作業が履行義務になるのかを判定する必要があります。

#### (3) 収益認識の仕方
##### ① 会計処理の考え方

　ポイント制度は2つのステップを経て収益認識をします。詳しくはフローチャートで解説していますが、「重要な権利か?」をフィルターにして、該当したら元の商品の販売とは独立した履行義務として収益認識をします。契約しなければ受け取れない重要な権利を顧客へ提供するも

のだからです。

## ②収益認識時期

　顧客が代金の一部を前払いしているのと実質的に同じなので、顧客が
ポイントを使って商品を購入した時に収益認識をします。仮に使わない
まま期限が到来した場合も、失効した時点で収益認識をします。

図111 ポイント制度の会計処理

| 取引実態 | 考え方 | 会計ルール |
|---|---|---|
|  |  |  |
| ポイントを将来の<br>商品購入代金に充当 | 商品代金とポイントを<br>独立の履行義務に | 使う／失効したら<br>収益を認識 |

第1章
第2章
第3章
第4章
第5章
第6章
第7章
第8章
第9章
第10章
第11章
第12章
第13章
第14章

## (1) 解説

以上の知識をふまえて、ポイント制度の収益認識の流れをフローチャートでみてみましょう。

図112

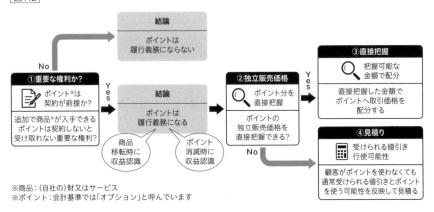

※商品：(自社の)財又はサービス
※ポイント：会計基準では「オプション」と呼んでいます

### ① 重要な権利か？ 適48

ポイントの発行が発行主と顧客の契約を前提とするのかをはじめに把握します。つまり、発行主と契約関係にならないとポイントを受け取れない重要な権利なのかを確かめます。そして、ポイントへの対応が履行義務になると判断されれば、次のステップへ進みます。

### ② ポイントの独立販売価格

ポイントの独立販売価格を把握します。要するに、ポイント単独でどれだけの価値があるかということです。

### ③ 直接把握できるなら 適50

　直接把握できるのなら、その独立販売価格を使って収益認識の検討に使います。

### ④ 直接把握できないなら 適50

　一方でポイントの独立販売価格が直接把握できないなら、見積計算をします。オプションを使わなくても通常受けられる値引きやどの程度行使される可能性があるかなどをふまえながら見積計算をします。

### ⑤ 重要な権利って何？ 適48 適49

　会計基準で「通常の値引きの範囲を超える値引きを顧客に提供する」といっているものの、具体的な基準が示されていないので、何をもって重要な権利の提供というかは難しいトピックです。であれば公表されている情報から趣旨や考え方を推測するよりないので、設例をふまえると1ポイント1円、1ポイント獲得には10円の商品購入が必要というのが一応の判断の目安になると思われます。ただし、1円を下回ったら重要性がないかといわれると一概にはいえないので、監査人との協議の要点になってきます。

## ⑵ あてはめ

　それでは、実際の取引例にあてはめて、フローチャートでみてみましょう。

図113

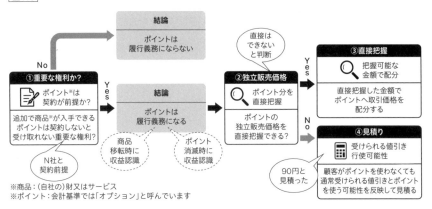

※商品：(自社の)財又はサービス
※ポイント：会計基準では「オプション」と呼んでいます

（解説）

　以下の前提で解説していきます。

- 顧客がN社の商品を200円買うごとに1ポイント付与。
- 1ポイントは1円の値引きになる。
- 顧客はN社の商品を20,000円で購入（独立販売価格も同じ）。
- N社は顧客が90ポイントを使用すると見込んだ。

### ① 重要な権利か？

　顧客はN社から商品を購入する場合に限り、ポイントを受け取ることができます。つまり、発行主であるN社と契約関係がある必要があります。また、1ポイントにつき1円の値引きを受けることもできます。以上の検討の結果N社は、当ポイント付与が「契約を締結しなければ顧客

204

が受け取れない重要な権利」と判断しました。

## ② ポイントの独立販売価格

### 直接把握できるなら

　N社のポイントは広く一般に販売・流通しているわけではないので、直接把握はできないと判断しました。

### 直接把握できないなら

　顧客が使う可能性を考慮して、ポイントの独立販売価格を0.9円／ポイントで90円（0.9円×100ポイント）と見込みました。

## ③ 会計処理

　商品の販売代金20,000円を、商品とポイントの独立販売価格の比率（20,000：90）で配分しました。具体的には、商品部分は19,910円でポイント部分は90円です。販売時の仕訳は以下の通りです。

図114 販売時の仕訳

| 現金預金 | 20,000 | 売上高 | 19,910 |
| | | 契約負債 | 90 |

## 3. 会計基準や適用指針の構成

　「追加の財又はサービスを取得するオプションの付与」というトピックで、48項の「重要な権利」をはじめ適用指針に４つの規定があります。

## (1) 重要な権利

### ① 考え方 適48

　ポイント制度で出てくるポイントは、会計基準では「契約を締結しなければ顧客が受け取れない重要な権利か？（以下「重要な権利」）」という視点で会計処理を定めています。ポイント制度の収益認識でも「履行義務」が売上の仕訳を考える最小単位になるのは変わりませんが、重要な権利に該当したら、ポイントは独立した履行義務になります。

### ② 重要な権利の要件 適48 適49

　適用指針48～49項にかけて、どんな要件を満たしたら「重要な権利」に該当するかを示しています。

## (2) ポイントの独立販売価格 適50

　ポイントが、例えば商品を購入するといったポイントを受け取れる理由となった履行義務とは別の履行義務と判定されると、取引価格を商品の購入・ポイントのそれぞれの履行義務へ配分する必要があります。一方でポイントは広く一般的に販売されているというわけでもないので、見積り方が50項で示されています。

図115 **主な会計基準や適用指針の構成──ポイント編**

## 4. ポジションペーパーのチェックポイント

### (1) 契約関係はあるか?

　ポイントが商品の販売とは独立した履行義務として取扱われるには、ポイントを手に入れる際に発行主の会社と契約関係にあることが求められています。ですからポジションペーパーを書く上では、ポイント発行の要件を調べて「契約関係が必要か?」を確かめる必要があります。

### (2) 重要な権利か?

　どの程度の水準なら重要かは会計基準や適用指針には示されていないので、2.(1)⑤の考え方を参考にしつつ、自社の考え方をポジションペーパーにまとめておきます。

図116 ポジションペーパーのチェックポイント

契約関係

ポイント発行の
条件を調べる

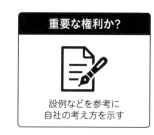

重要な権利か?

設例などを参考に
自社の考え方を示す

# 監査人のちゃぶ台返し

「この前同意したのに前言撤回された！」「言っていることが180度変わった！」このような経験をされた経理の方は、少なからずいらっしゃるのではないでしょうか。朝令暮改は世の常ですが、監査の世界でも起こり得ます。では監査人は薄情なのかというとそういうわけではなく、監査の体制の変化が背景となって発生し得ます。監査チームには、現場を取り仕切る主査、監査報告書にサインをするパートナーがいますし、審査担当パートナーもいます。また、彼らがずっと同じ人というわけではなく、異動で交代することもありますし、監査法人の統一見解や方針、会計士協会や監督官庁の考え方なども従来からずっと同じというわけではないでしょう。監査を受ける会社側でも様々な段取り・調整を経て会計処理が決まっているのでちゃぶ台返しは受け入れ難いですがどうしても起こり得ます。一刻も早くその傾向を掴んでおく必要があります。監査人との日々のやりとりの中でこういった状況変化にもアンテナを立てておくと、何となくの前触れのようなものをつかめるかもしれませんので、気に留めておきたいですね。

図117 ちゃぶ台返し

**背景**
上司や組織の方針転換

**影響**
様々な組織や決算へ影響

**対策**
雑談などでアンテナを立てる

第12章

個別論点

# ライセンス

## 個別論点 ライセンス

### 1. 用語の解説

　ライセンスは、売主の知的財産に対して、顧客へ何らかの権利を定めるものをいいます。例えば、ソフトウェアやフランチャイズ、特許権などがあります。そこで、ライセンスの規定・フローチャートを理解するために知っておきたい専門用語を、いくつか紹介します。

### (1) 知的財産

　知的財産は、小説やゲームソフトのような、知的なものを創作する活動をした結果できあがった価値のあるものをいいます。一方で知的財産は作っただけでは不十分で、同じものを「これは自分が作りました」と先に公言されると、最初に作った人の権利は保護されません。このようなことを防ぐ権利が「知的財産権」で、「目に見える形になったアイデアを、他の人から奪われないための権利」というイメージです。例えば、著作権や特許権が該当します。

### (2) 使用権
#### ① 使用権とは

　約束を取り交わす時点で既に存在している知的財産を使う権利のことをいいます。例えば、売主が既に開発済のソフトウェアを契約期間にわたって使わせてもらえる権利が該当します。

## ② 特徴

　知的財産を持っている売主が知的財産の改良や修正は予定しておらず、使用権を手にした側も売主に対してそのような期待はしていないのが特徴です。

## ⑶ アクセス権

　知的財産を持っている売主が、内容や機能・価値を自ら常に変化させることがあります。典型的なのはフランチャイズで、フランチャイズを展開する会社は日常的にいろんな活動をして、フランチャイズの価値を日々維持向上させています。フランチャイズ（知的財産）は、フランチャイズに入れば利用することができます。加盟者も、運営者がフランチャイズの価値の維持向上をしていくことを想定しています。このようなライセンス期間にわたって存在していて「売主が持っている日々変わっていく知的財産をお客さんが利用できる」ライセンスのことを、会計基準では「知的財産にアクセスする権利」と表現しています。詳しくは5.のフローチャートで解説しますが、3つの要件を全て満たしたらアクセス権に該当します。

[図118] 用語の解説

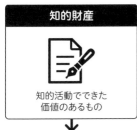

知的財産

知的活動でできた
価値のあるもの

保護されると**知的財産権**へ

使用権

既に存在している
知的財産を使う権利

アクセス権

日々変わっていく
知的財産を使える権利

## 2. 収益認識

### (1) 使用権

　ライセンスを顧客へ与えた時点で、売主は収益認識をします。既に存在している知的財産を使うことを認めているので、与えられた時点で権利を使って事業に活かして稼ぐ※ことが可能だからです。

※稼ぐ：便益を享受する

### (2) アクセス権

　アクセス権が与えられている期間にわたって収益を認識します。ライセンス期間にわたって刻一刻と権利内容を継続的に維持向上させていく知的財産へアクセスする権利を提供しているからです。

図119 収益認識

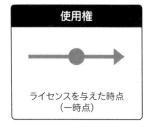
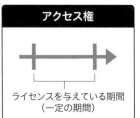

## 3. 著しい影響とは？

　後述の5.で解説する判定フローチャートで出てくる「著しい影響」は、どういった状況を指しているのかをここで解説します。具体的には2つの要件いずれかを満たしたら、売主は「著しい影響を与えている」と判

定されます。

## (1) デザインやコンテンツなどの機能

　売主の活動が、デザイン・コンテンツ・知的財産の働き（＝機能）を著しく変化させることが想定できることが求められています。例えばフランチャイズを運営する会社は、商品の機能・フランチャイズのロゴ・商品や店舗スタッフの制服のデザインなどを変更することができます。

## (2) 売主の活動の影響

　お客さんが知的財産を利用することから得る効果（＝稼ぐ）は、知的財産を持っている売主の何らかの活動からもたらされることが求められています。例えば、売主が持っているブランドは、売主が様々な企画や改良などの継続的な活動があって、初めてそのブランドの価値が確立され、維持向上しています。

図120 著しい影響

形態や機能

デザイン・コンテンツなどを
著しく変化

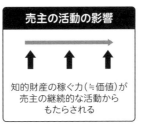

売主の活動の影響

知的財産の稼ぐ力（≒価値）が
売主の継続的な活動から
もたらされる

## 4. ロイヤルティ

　ライセンスを誰かへ与えた場合に受け取る報酬が、権利を利用する者の売上高や使用量などに連動するケースがあります。性質は紛れもなく

第1章
第2章
第3章
第4章
第5章
第6章
第7章
第8章
第9章
第10章
第11章
第12章
第13章
第14章

変動対価ですが、収益認識会計基準では、一定の要件を満たしたロイヤルティについては変動対価のトピックから切り離して、独立した規定を設けています。以下では、ロイヤルティについて解説します。

## (1) ロイヤルティとは？

　簡単にいうと、知的財産の権利を持っている売主が、お客さんがその権利を利用することを認める見返りに受け取る代金のことをいいます。ロイヤルティの計算方法は契約によって様々ですが、例えば知的財産を利用して得た売上や使用量をもとに計算する方法があります。

## (2) 知的財産のみに関連するロイヤルティ

　ライセンスを与えた代金として受け取るロイヤルティが、お客さん側の売上高や使用量に基づいて計算されていて（以下「当ロイヤルティ」とします）、しかもそれが売主の知的財産のライセンスだけに関連していたり、ロイヤルティの主な対象がライセンスのケースです。仮にお客さんがライセンスに対して非常に重要な価値を見出すと売主が合理的に予想できるなら、①②のいずれか遅いタイミングで当ロイヤルティの収益を認識します。

## ① ライセンスを使うとき

　売主から提供された知的財産のライセンスを使って稼いだ売上を、お客さんが会計帳簿へ記録するとき（＝収益認識するとき）、またはお客さんが知的財産のライセンスを使うとき

## ② 履行義務が果たされたとき

　当ロイヤルティの一部／全部が配分されている履行義務が、果たされ

たり部分的に果たされるとき

## (3) それ以外のロイヤルティ

　上記の(2)以外のロイヤルティがある場合は、原則通り変動対価の考え方にしたがって収益認識をします。

図121 ロイヤルティ

| 意味 | 知的財産のみに関連 | それ以外 |
|---|---|---|
| <br>権利使用の対価として<br>受け取る代金のこと | 売上高や使用量に<br>基づいて計算<br>売主の知的財産だけに関連<br>計算対象がライセンス | <br>変動対価の<br>ルールに則り収益認識 |

第1章
第2章
第3章
第4章
第5章
第6章
第7章
第8章
第9章
第10章
第11章
第12章
第13章
第14章

## 5. アクセス権の判定フローチャート

### (1) 解説

以上の知識をふまえて、アクセス権の判定の流れをフローチャートでみてみましょう。

図122

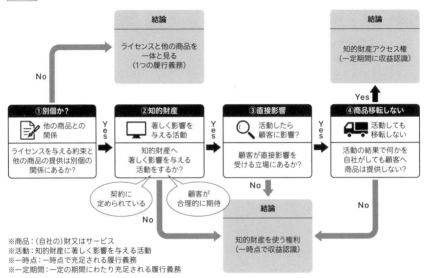

※商品：(自社の)財又はサービス
※活動：知的財産に著しく影響を与える活動
※一時点：一時点で充足される履行義務
※一定期間：一定の期間にわたり充足される履行義務

### ① 別個の関係か？ 適61 適62

顧客と取り交わしたライセンスを与える約束が、他に提供する商品と別個の関係にあるかをまずは検討します。

### ② 著しく影響を与えるか？(アクセス権の要件①)

#### 契約で定められている 適63(1)

ライセンスの期間中に、売主が知的財産へ著しく影響を与える活動を

することが契約で定められているケースです。

## お客さんが期待する `適63⑴`

　契約には書かれていなくても、契約の趣旨を考えると通常は売主が知的財産の価値の維持向上をすると期待するケースです。例えばフランチャイズを運営する会社の活動などです。フランチャイズを運営する会社は、フランチャイズの価値を高めるために、通常は消費者の嗜好分析や新製品の開発などを行って、日々サービスへ改良（影響）を加えています。また、フランチャイズ運営者の報酬は加盟者の売上高に基づくロイヤルティなので、加盟者の売上高に報酬が左右されます。ですから加盟者（お客さん）は運営者が自らの利益を最大化することを期待し、加盟者と経済的な利害が共通すると判断します。取引慣行や公表した方針がある場合も、顧客が合理的に期待する要因となります。

## ③ 直接影響を与えるか？（アクセス権の要件②）`適63⑵`

　売主が知的財産へ著しい影響を与える活動の結果、お客さんにその影響が直接及ぶことを求めた要件です。フランチャイズを運営する会社が、例えば、商品を改善したり販促活動を行うと、加盟者は運営者の活動によって生じる変化に対応することになります。サービスへ改良（影響）を加えると、加盟者が消費者へ提供するサービスも影響を受ける関係にあります。

## ④ 商品は顧客へ移転するか？（アクセス権の要件③）`適63⑶`

　②や③の結果売主に何らかの作業・活動が発生しても、お客さんへ商品が移転しないことも要件として求められています。例えば、フランチャイズを運営する会社が消費者の嗜好分析などを行ってフランチャイズ

の価値を改良などによって高めたとしても、それは自らの知的財産の価値を高めることが目的です。お客さんへ何かの商品を提供することではありません。一方で、ソフトウェアのアップデートのような場合は、ソフトウェアの機能が変わるので、商品が顧客へ移転しています。

## ⑵ あてはめ その1

それでは、実際の取引例をあてはめて、フローチャートでみてみましょう。

図123

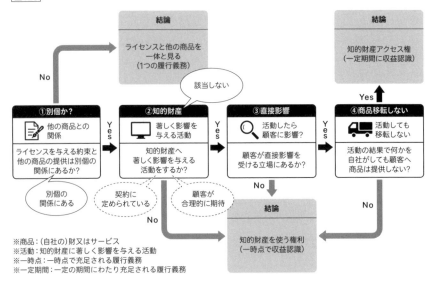

（解説）

以下の前提で解説します。

● N社はM社に対してソフトウェアライセンスとアップデートのサービスを提供する。

## ① 別個の関係か?

　以下の検討の結果、ソフトウェアのライセンスとアップデートは別個の関係にあると判断しました。

### 会計基準34項(1)

　ソフトウェアのライセンスは単独でも機能できますし、アップデートをすると、より高機能のソフトウェアを使えます。

### 会計基準34項(2)

　ソフトウェアのライセンスはアップデートしない標準版の機能に影響を与えるものではなく、統合する重要なサービスも提供していません。また、ライセンスとアップデートはそれぞれ独立して顧客は利用することができるので、相互依存性・相互関連性も高くありません。

## ② 著しく影響を与えるか?(アクセス権の要件①)
### 契約で定められている

　ソフトウェアの機能に著しく影響を与える活動を行う義務を負う旨は、契約には定められていません。

### お客さんが期待する

　既に存在しているソフトウェアを使うライセンスなので、アップデートがなくても機能します。ですから顧客M社はN社が著しく影響を与えることを合理的に期待しているわけではありません。

### 結論

　以上の検討結果をふまえてN社は、N社とM社の契約は一時点で存在するN社の知的財産の使用を認める権利を提供するものと判断しまし

た。

## ⑶ あてはめ その２

図124

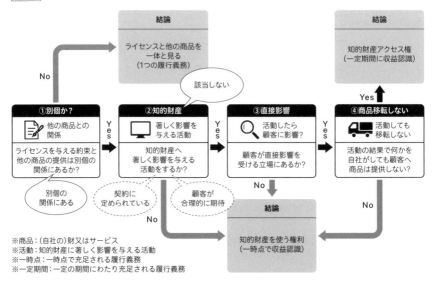

※商品：（自社の）財又はサービス
※活動：知的財産に著しく影響を与える活動
※一時点：一時点で充足される履行義務
※一定期間：一定の期間にわたり充足される履行義務

（解説）

以下の前提で解説します。

- N社は5年間にわたって認可複合薬Gの特許権ライセンスをM社に与える。

- M社向けに複合薬Gの製造契約を結んだ。

- 複合薬Gは成熟した製品でN社は複合薬Gをサポートする活動を行わない。

- 複合薬Gの製造プロセスは固有でも特殊でもないので、N社以外の企業も製造可能である。

## ① 別個の関係か？

### 会計基準34項⑴

　N社以外の会社でも複合薬Gの製造サービスを提供できるので、顧客M社はライセンスの効果を単独で（又は簡単に使える資源と組み合わせて）事業に活かして稼ぐことができます。

### 会計基準34項⑵

　ライセンスを使って事業で稼ぐ能力に影響を与えることなく、ライセンスを独立して購入することができます。また、ライセンスと製造サービスはお互いを著しく修正したり顧客仕様へ変更させるものでもなく、ライセンスと製造サービスを組み込むようなサービス（に統合する重要なサービス）も提供していません。M社は他社に製造を依頼することでライセンスの効果を事業に活かせるので、N社はライセンスの提供と製造サービスを別々に提供できます。よって、ライセンスと製造サービスは相互依存性・相互関連性は高くありません。

### 結論

　以上をふまえてN社は、ライセンスと製造サービスは別個の関係にある（＝独立した履行義務）と判断しました。

## ② 著しく影響を与えるか？（アクセス権の要件①）

### 契約で定められている

　N社が複合薬Gの知的財産に著しく影響を与える活動を行うことは、契約で定められていません。

お客さんが期待する

　複合薬Gは認可済であり今も製造されている上に、過去数年にわたって販売されています。このような背景から、N社は取引慣行でサポートも行いません。また、複合薬Gには病気を治癒する薬を作る能力があります。そのため、顧客M社は「N社が知的財産へ著しく影響を与える活動」を合理的に期待していないと判断しました。


結論

　以上の検討の結果N社は、当ライセンスの性質は、M社に与える時点で既に存在している知的財産を使う権利を与えることであると判断しました。


## 6. ロイヤルティの判定フローチャート

### (1) 変動対価だけど別規定あり

　お客さんの売上高を基準にロイヤルティを決めている場合、売主（＝権利を与えた側）にとってロイヤルティは紛れもなく変動対価です。一方でこのようなロイヤルティについて会計基準・適用指針では、変動対価のルールとは分けて収益認識の仕方を定めています。(2)で解説するロイヤルティに該当しないなら、原則通り変動対価のルールに従って収益認識をします。

## (2) 解説

それでは、ロイヤルティの判定フローチャートをみてみましょう。

図125

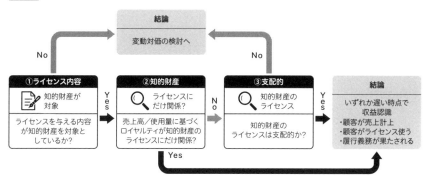

## ① 要件その1 適67

知的財産のライセンスを与えることが、要件の1つ目です。知的財産については1.を参考にして下さい。

## ② 要件その2 適67

「売上高又は使用量に基づくロイヤルティ」が、知的財産のライセンスだけに関係していることです。他社からロイヤルティを受け取る場合は許可する内容を契約で定めているので、契約書をみてロイヤルティの計算根拠と支払う理由を確かめます。

## ③ 要件その3 適67

知的財産のライセンスが支配的であることです。抽象的ですが、要するに「ライセンスに著しく大きな価値を顧客が見出すと合理的に予想できること」という意味です。そのライセンスがないなら、この契約はし

223

ないよねというイメージです。

## ④ 収益認識

以上の3つの要件のいずれかを満たしたら、いずれか遅いタイミングで収益認識をします。

- 顧客が売上高を計上するとき／ライセンスを使うとき
- ロイヤルティが配分される履行義務が果たされるとき（部分的に果たされる場合も含む）

## ⑶ あてはめ

それでは、実際の取引例をあてはめて、フローチャートをみてみましょう。

図126

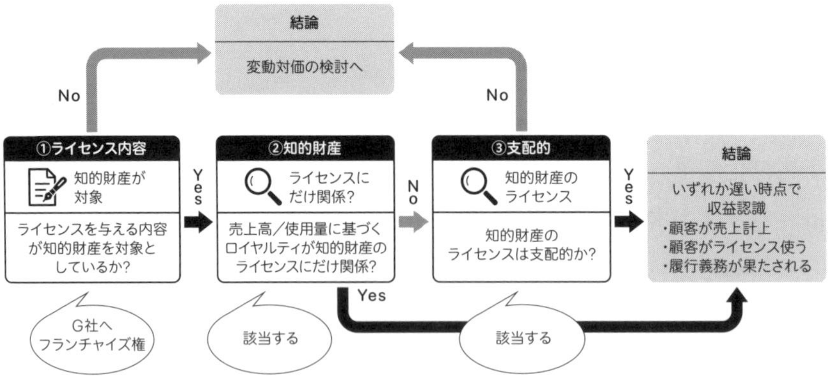

（解説）

以下の前提で解説します。

- フランチャイザーN社は顧客G社に対して15年間N社のフランチャイズ名を使ってN社の製品を販売する権利を与える。
- N社はフランチャイザーの取引慣行としてフランチャイズの価値を高めるための活動を行う。
- 例えば、顧客の嗜好分析や製品の改善、価格をどの程度にするかの戦略立案、販促のキャンペーン実施、運営面の効率化実施などである。

## ① 要件1

N社のフランチャイズという知的財産をG社は利用できるので、「知的財産のライセンスを与えること」という要件を満たします。

## ② 要件2

当契約の顧客G社の売上高に基づくロイヤルティ形式の対価は、フランチャイズのライセンスにはっきり関係するものなので、要件2にも該当します。

## ③ 要件3

顧客G社は、N社とフランチャイズ契約を結ばないとフランチャイズの知的財産は使えません。つまり、知的財産のライセンスが支配的であるということです。

## ④ 収益認識

以上の検討の結果、適用指針67項のロイヤルティの要件を満たすため、N社のライセンスをG社へ移転させた後に、G社の売上高が生じる

につれて／生じるときに収益を認識することとしました。

## 7. 会計基準や適用指針の構成

　ライセンスに関係する規定は、適用指針の61〜68項にかけて定められています。

### (1) アクセス権と使用権

　適用指針62項では、ライセンスを「アクセス権」「使用権」の2種類に分け会計処理を定めています。アクセス権に該当したらライセンス期間（＝一定の期間）にわたって収益認識し、使用権に該当したらライセンスを事業に使って稼げるようになった時点（＝一時点）で収益認識をする旨が定められています。

### (2) 権利の判定

　アクセス権／使用権のどちらに該当するかを判定するための3つの要件が適用指針63項で定められていて、「知的財産に著しく影響」などの補足説明は65項と66項で定められています。

### (3) 売上高又は使用量に基づくロイヤルティ

　適用指針67項と68項で、ライセンスのみに関係・ライセンスが支配的などの要件や収益認識時期が定められています。

図127 主な会計基準や適用指針の構成——ライセンス編

## 8. ポジションペーパーのチェックポイント

### ⑴ アクセス権と使用権の判定

　ライセンスの収益認識は2種類に分けて定められているので、他社にライセンスを与えている場合は、その内容がアクセス権と使用権のどちらに該当するのかをライセンス別に検討し、ポジションペーパーへ落とし込んでいきます。

### ⑵ 売上高又は使用量に基づくロイヤルティ

　性質は変動対価であるものの、特定のロイヤルティについて別途定めているのが適用指針67、68項で、要件は67項で定められています。ですからポジションペーパーを書く上では、67項の要件へのあてはめをまず行い、その上でいつ収益を認識するのかという、2つのステップの構成で書くとまとめやすいと思います。

227

**図128 ポジションペーパーのチェックポイント**

| 判定 | ロイヤルティ |
|---|---|
|  |  |
| ライセンスごとに<br>アクセス権／使用権の判定を | 要件へのあてはめ後に<br>収益認識時期を |

監査対応コラム

# 監査人との付き合い方

　「親しくしすぎると堅苦しいし、邪険に扱うと何だかギスギスしちゃうし」監査人は、自社にとって都合の悪いことを言わなきゃいけない場合もあるので、付き合い方は何かと難しいですよね。そんなときにおすすめしたいのは、「監査人の頭の中を推測して、彼らよりも一歩先を行く」です。難しく感じますが、監査人の思考回路はシンプルで、「会計基準に忠実な会計処理をしてほしい」「他社事例がある処理をしてほしい」の2つです。監査人は監査調書のチェックを嫌いますが、この2つから外れていなければ、後日の監査調書のチェックでも監査人からは「監査手続に問題あり」という深刻な指摘は受けないでしょう。例えば日常の経理処理で、新しい取引や会計基準が出てきたり、従来の処理を変更することがあると思います。そんなときは「とりあえず相談してみる」よりも、「○○って言ったら監査人はどう反応するかな?」「○○はA会計士に直接言った方がいいかも」「難色を示すだろうから○○の事例を集めておこう」といった感じで思いを巡らせてみると、今までとは少し違った監査人との付き合い方ができると思います。

図129 監査人との付き合い方

付き合い方

Q

程よい距離の
取り方は?

解決案

A

監査人の頭の中を
推測して一歩先を

思考回路

会計基準へ忠実に
他社事例ある処理を

第13章

個別論点

返品

# 個別論点 返品

## 1. 返品権のある取引

### (1) 取引の実態

　返品は、出版業界をはじめ、実務でよく見かける取引です。顧客に返品権が与えられていて将来的に返品が見込まれるなら、返品見込分を含めて収益認識してしまうのは実態を適切に表現していないという考え方が会計基準では採用されています。

### (2) 返品が見込まれるなら

#### ① 返金負債

　返品されたら商品代金は受け取りすぎになるので、後日顧客へ返金します。そのため、返品が見込まれる場合には、確定している金額を含めた返金見込金額を「返金負債」という勘定を使って表現します。つまり、取引価格から除外され、収益認識はしないということです。

#### ② 返品資産

　返品されると商品が売主の手元へ戻ってくるので、取り戻せる権利を資産として決算書へのせる必要があります。具体的には、返品見込みの資産が販売する直前の帳簿価額から、返品で発生が見込まれるコストや価値の潜在的な下落の見積額をマイナスした金額を返品資産として貸借対照表にのせます。

図130

## 2. 返品権付き商品の販売の収益認識

以上の知識をふまえて返品権付き商品の収益認識を解説します。

### (1) 解説

図131

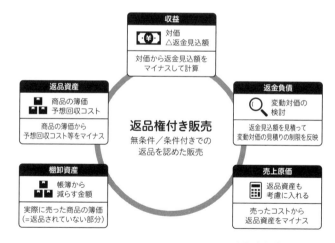

※商品：商品と製品を含む意味で書いています

### ① 収益認識　② 返金負債 適85

返品に伴って返金が見込まれる金額は収益認識せず、「返金負債」と

いう勘定を使います。なお、返金が見込まれる金額は、変動対価の考え方を使って見積ります。つまり、売上代金の総額から返金負債の金額をマイナスした残額が売上（＝収益）になります。

### ③ 売上原価 適85

売った商品の原価が売上原価なので、返品資産の金額は売上原価からマイナスします。つまり、販売した商品の帳簿価額から返金負債の金額をマイナスして計算します。

### ④ 棚卸資産 　⑤ 返品資産 適85

決算書からマイナスする棚卸資産の金額は実際に売った商品だけです。そして、返品が見込まれる商品は売上原価の対象には含めずに、棚卸資産（＝返品資産）として貸借対照表にのせます。金額は図131で紹介した通りです。

## (2) あてはめ

それでは、実際の取引例を使ってみてみましょう。

図132

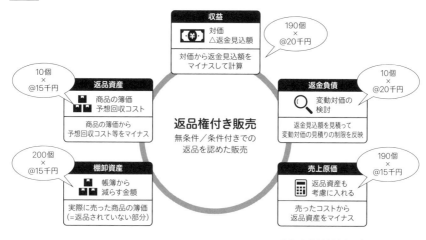

※商品：商品と製品を含む意味で書いています

（解説）

以下の前提で解説していきます。

- 商品200個を@20千円でT社へ販売。
- 原価は@15千円。
- 返品が認められており変動対価のうち著しい減額が発生しないのは190個分。
- 商品の回収コストは重要性なく原価以上の再販売は可能。
- 返品数量の見積りの十分な情報もあり、返品数量の不確実性は短期間で解消。

## ① 収益認識　② 返金負債

　著しい減額が発生しないと見込まれるのは190個×@20千円＝3,800千円なので、収益認識されるのは3,800千円となります。残りの10個×@20千円＝200千円は返金負債となります。

## ③ 売上原価

　返品が見込まれない190個部分（＝200個−10個）を売上原価として計上するので、売上原価は190個×@15千円＝2,850千円となります。

## ④ 棚卸資産　⑤ 返品資産

　棚卸資産の減少として仕訳をするのは200個×@15千円の3,000千円ですが、返品が見込まれる10個部分（150千円＝10個×@15千円）はあらたに「返品資産」として資産計上します。

図133 返品の仕訳

| 現金預金 | 4,000 | 売上高 | 3,800 | 売上原価 | 2,850 | 棚卸資産 | 3,000 |
|---|---|---|---|---|---|---|---|
|  |  | 契約負債 | 200 | 返品資産 | 150 |  |  |

第1章
第2章
第3章
第4章
第5章
第6章
第7章
第8章
第9章
第10章
第11章
第12章
第13章
第14章

## ⑶ 注記事例の紹介

　有価証券報告書（四半期報告書）の注記から横浜ゴムの事例を選んで
みてみましょう。

図134

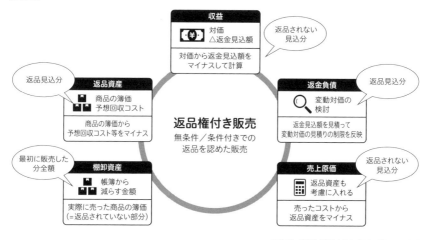

※商品：商品と製品を含む意味で書いています

（解説）

　以下の前提で解説します。解説は注記事例をもとにした筆者の推測で
す。

● 冬季用タイヤ製品は返品を受ける。

● 出典：横浜ゴム2021年12月期1Q四半期報21ページ（IFRS）

## ① 収益認識　② 返金負債

　「将来返品が見込まれる部分を見積もって収益を減額」という表現か
ら、返品が見込まれない部分のみを収益認識していることが窺えます。
注記からは明らかではありませんが、収益を減額した部分は返金負債と

して仕訳をしているものと考えられます。

### ③ 売上原価

　注記からは明らかではありませんが、費用収益対応の観点から、回収コストや価値の下落に重要性なしと仮定すると、販売したタイヤ製品のうち返品が見込まれない部分の原価の金額を売上原価として処理したものと考えられます。

### ④ 棚卸資産　⑤ 返品資産

　返品見込分の原価も含めて棚卸資産を一旦減額しつつ、返品される製品を回収する権利については返品資産として会計処理していると考えられます。

## 3. 会計基準や適用指針の構成

### (1) 会計処理

　返品権が付された商品の販売で会計処理する内容が、適用指針85項で示されています。

### (2) 変動対価との関係

　返品権が付された商品の販売では変動対価の論点とリンクするので、変動対価の考え方をふまえた会計処理を求める規定が適用指針86項にあります。そして、実際の取引でどのように検討を進めればいいかについては、変動対価の設例である設例11で考え方が仕訳とともに示されています。

## (3) 返品資産

収益認識会計基準で新しく導入された「返品資産」の金額の計算の仕方が、適用指針88項で示されています。

図135 主な会計基準や適用指針の構成──返品編

## 4. ポジションペーパーのチェックポイント

### (1) 返品権の根拠

会計基準が対象としているのは返品権を付した商品の販売であって、瑕疵担保的な返品・交換ではありません。ですからポジションペーパーでは、返品権が与えられている根拠（契約書や注文書など）を明らかにしておきましょう。

### (2) 返品資産の金額

適用指針88項で根拠となる情報が明らかにされていますが、会計処理をする上では販売直前の帳簿価額の把握方法や、予想回収費用や価値の潜在的な下落の金額をどのように見積るかも示しておきます。例えば回収費用の過去数年間の実績などが参考になると考えられます。

第1章
第2章
第3章
第4章
第5章
第6章
第7章
第8章
第9章
第10章
第11章
第12章
第13章
第14章

図136 ポジションペーパーのチェックポイント

| 根拠 | 返品資産の金額 |
|---|---|
| 返品権の根拠を明らかにしておく | 新しい概念なので金額集計体制の準備を |

監査対応コラム

# 監査の重要性はいくら？

　「監査人が使う重要性って具体的にいくらなんだろう？」。監査対応をしていると、ときどきそう感じますよね。中には監査人に直接聞いちゃった経理担当の方がいらっしゃるかもしれません。監査の重要性は聞いても教えてもらえませんが、一方でなんとなくのおおよその金額は推測が可能です。ヒントになるのは、四半期決算や期末決算の監査の後に受け取る監査の結果報告です。そこでは、「間違えているけど、修正してもらうほどの重要性はないから報告しておきます」という会計処理の誤りが書かれています。この情報から、「報告しなきゃいけない金額」とか「修正を求められる金額」がなんとなく見えてくると思います。報告される会計処理の誤りが多いとJ-SOXに波及するので注意は必要ですが、日頃の決算・監査で参考にしてみてはいかがでしょうか。

図137 **監査の重要性**

監査の重要性

聞いても
教えてくれない

ヒント

監査の結果報告が
参考になる

具体的には

報告する金額や修正する金額が
おぼろげに見えてくる

第14章

個別論点

有償支給取引

## 個別論点 有償支給取引

　有償支給取引を簡単にいうと、依頼主が調達した支給品を外注先へ支給する際に販売という形態をとり、加工後にこの支給品を購入する一連の取引をいいます。

### 1. 対象取引

　有償支給取引は何がトピックなのかを知るために、まず取引の全体像を簡単に紹介します。

図138 有償支給取引の流れ

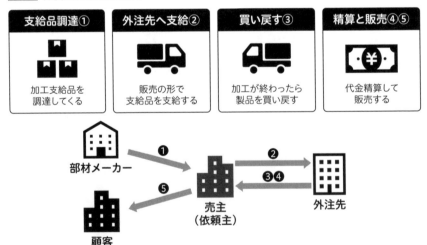

| 支給品調達① | 外注先へ支給② | 買い戻す③ | 精算と販売④⑤ |
|---|---|---|---|
| 加工支給品を調達してくる | 販売の形で支給品を支給する | 加工が終わったら製品を買い戻す | 代金精算して販売する |

## ① 支給品を調達

はじめに依頼主（支給者）が、加工材料の支給品をメーカーから購入します。この時点では特にトピックはありません。

## ② 支給品支給は売買取引

外注業者に加工してもらうために、支給品を外注業者へ支給します。ポイントは支給形態で、依頼主（支給者）が外注業者へ売るという形をとります。つまり、一連の取引は支給した支給品を供給して外注先から加工した製品を購入するので、「供給前から買い戻すことを想定していた」とみることができる点に収益認識を検討する上での大きな特徴があります。なお、調達した支給品の代金を伏せるために、利益をのせて供給することもあります。

## ③ 外注先から加工後製品を購入

外注業者が支給品を使って加工して製品として仕上げます。そして、外注業者は製品を依頼主（支給者）へ販売します。有償支給取引がトピックになるのは②③で、「販売」「購入」という形を取るからです。

## ④ 代金を精算

外注業者に加工をしてもらうのが取引実態ではあっても、販売・購入という形をとっているので販売代金の精算が行われます。

## ⑤ 販売

完成した製品を顧客へ販売します。

第1章
第2章
第3章
第4章
第5章
第6章
第7章
第8章
第9章
第10章
第11章
第12章
第13章
第14章

## 2. 会計基準の考え方

### ⑴ 買い戻しが想定されているか？

　支給品を買い戻す義務を負っていれば、それは販売ではなく外注業者への加工の依頼という捉え方をします。外注業者が支給品を自由に使えるわけではなく、外注業者へ支配が移転していないからです。したがって収益認識を検討する上では、「買い戻し義務があるか？」を基準に判断します。仮に、契約で買戻義務を約束していない場合は、取引実態に注目して（実質的な）義務の有無を判断します。

### ⑵ 有償支給取引の主なトピック

#### ① 販売は売上か？

　有償支給取引は販売の形を取るので、どの勘定科目を使って決算書へのせるのかがトピックとなります。一連の取引に注目すると単に加工してもらっただけなので、買戻義務を負っている取引で売上高が認識されるのは実態と乖離があります。よって、収益認識はしないという判断となります。買戻義務のない有償支給取引の取扱いは別途規定がありますので、後述します。

#### ② 利益は認識すべきか？

　支給品メーカーからの仕入値を伏せるためにのせた利益が、一連の取引が終わった段階で決算書にのっていていいのかという問題点もあります。①のトピックとリンクしますが、「支給品の加工を依頼しただけ」という一連の取引の視点からみると利益は認識しないという判断となります。

### ③ 棚卸資産は誰の帳簿にのせるべきか?

　外注先が支給品を加工して、依頼主（売主）の手元へ戻ってくるまで、棚卸資産を支給者・外注先のどちらの会社の会計帳簿へのせておくのかというトピックもあります。契約形態を重視すると依頼主（売主）から外注業者へ販売しているので、外注先で加工中の支給品は外注先の棚卸資産です。一方で買戻義務があって外注先で加工中という経済実態に着目すると、外注先へ売ったというよりも単に外注先に支給品があるという捉え方が適切です。したがって収益認識の観点からは、買戻義務があるのなら支給品を支給しても引き続き依頼主（売主）の棚卸資産として捉えます。

図139

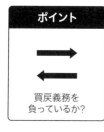

ポイント

買戻義務を
負っているか?

販売は売上か?

外注先への加工依頼を
売上と捉える?

利益は認識?

仕入値を伏せる
利益はのせる?

棚卸資産

外注先にある時は
誰の帳簿に?

## ⑶ 有償支給のその他のトピック

　この他にも有償支給取引ではいくつかのトピックがあるので、主なものを紹介します。

### ① 買戻義務を負っていない場合の売上の仕訳

　棚卸資産は支給時に外注業者の帳簿へと移転（＝消滅を認識）しますが、売上の仕訳はしません。外注業者への販売時と外部のお客さんへの販売時に売上が二重に計上されることを防ぐ必要があるからです。

第1章
第2章
第3章
第4章
第5章
第6章
第7章
第8章
第9章
第10章
第11章
第12章
第13章
第14章

② 個別財務諸表での取扱いの例外規定

　棚卸資産を外注業者の帳簿へ移転する処理（＝消滅を認識）が認められています。物理的な在庫管理が外注業者で行われていて、支給側での管理が難しいためです。

## (1) はじめに

　会計基準・適用指針が最終化されるにあたって、当初設例案にのっていた有償支給取引の仕訳例は設例案とともに削除されています。一方で、考え方の参考にはなりますので、公開草案の設例も参考にしつつ、収益認識の主な取引に関する仕訳案を紹介します。なお、設例案が削除されているという趣旨から、こちらで紹介した通りの仕訳が収益認識会計基準で強制されているというわけではありません。あくまで一つの考え方であるということをお含みおき下さい。

## (2) 買い戻す義務を負っている場合

### ① 支給品を外注先へ支給した時点

　収益認識会計基準では、支給者が支給品を買い戻す義務を負っている場合は棚卸資産の消滅を認識しないという考え方を採用しているので、支給時の仕訳の貸方には棚卸資産はのらず、貸方には「有償支給取引に係る負債」を使います。棚卸資産は、支給者の帳簿に残すからです。一方で、外注先へ支給品の供給代金の請求権は発生しているので、借方には「未収入金」を書きます。

図140 支給時点の仕訳イメージ

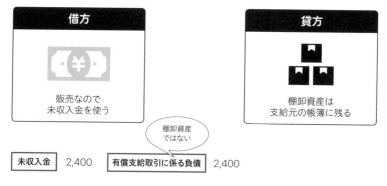

| 借方 | | 貸方 | |
|---|---|---|---|
| 販売なので<br>未収入金を使う | | 棚卸資産は<br>支給元の帳簿に残る | |
| 未収入金 | 2,400 | 有償支給取引に係る負債 | 2,400 |

（棚卸資産ではない）

## ② 外注先から納品された時点

　まず棚卸資産の金額ですが、支給中も棚卸資産は支給元の会計帳簿に引き続き残ったままなので、納品された時点の仕訳では加工費だけを棚卸資産にプラスする仕訳をします。この仕訳をすることで、「支給品の仕入値＋外注加工費」を棚卸資産の帳簿価額として表現することができます。次に買掛金ですが外注先からの請求代金には、支給元からの支給品の代金に加工費が上乗せされることになります。ですから、支給品の支給代金に外注先が乗せた加工費の金額を「買掛金」として貸方に書き

図141 納品時点の仕訳イメージ

| 借方 | | 貸方 | |
|---|---|---|---|
| 加工代金分だけ<br>棚卸資産アップ | | 購入なので買掛金を使う | |
| 棚卸資産 | 600 | 買掛金 | 3,000 |
| 有償支給取引に係る負債 | 2,400 | | |

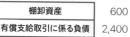

ます。すると貸借に差ができますが「有償支給取引に係る負債」を使います。この金額は、未収入金の相手勘定科目と同じなので、この仕訳をすることで貸借の差もなくなるだけなく、一連の取引が終わった時点で「有償支給取引に係る負債」の残高もゼロとなります。

### ③ 代金の精算

たとえ取引の経済的実態が外注先で加工作業をお願いしているだけであっても、支給元から外注先への代金の支払いや支給元から外注先への支給品代金の回収は契約通りに行われます。ですから、未収入金の回収と買掛金の支払いに関する仕訳は図142のように通常通りに行います。

図142 代金の精算の仕訳イメージ

| 現金預金 | 2,400 |
| --- | --- |
| 買掛金 | 3,000 |

| 未収入金 | 2,400 |
| --- | --- |
| 現金預金 | 3,000 |

## (3) 買い戻す義務を負っていない場合

### ① 支給品を外注先へ支給した時点

収益認識会計基準では、棚卸資産の消滅を認識すると規定しているので、仕訳の貸方は「棚卸資産」になります。取引形態としては販売になるので代金請求権が発生し、「未収入金」を使って示します。利益をの

せて支給品を販売することがあるので、未収入金と棚卸資産の金額に差が生じます。収益認識会計基準では、支給品を外注先へ支給した時点では収益を認識しないという考え方が示されていますので、借方と貸方の差額は「有償支給取引に係る負債」という勘定科目を使います。

図143 支給時点の仕訳イメージ

借方｜貸方

販売なので
未収入金を使う

棚卸資産は支給元の
帳簿から消す

支給額

| 未収入金 | 2,400 |
| --- | --- |

利益部分

| 棚卸資産 | 2,000 |
| --- | --- |
| 有償支給取引に係る負債 | 400 |

### ② 外注先から納品された時点での仕訳

　外注先は加工賃を乗せて支給元へ販売するので、支給時点での支給品の簿価に加工賃を上乗せした金額が棚卸資産になります。また、支給品を外注先へ供給する時にのせた利益相当額の「有償支給取引に係る負債」は、この時点で取り崩します。これによって、「有償支給取引に係る負債」の残高はゼロになります。そして貸方には、支払義務の「買掛金」を書きます。

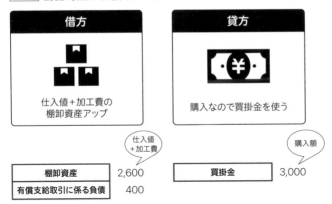

図144 納品時点の仕訳イメージ

| 借方 | | 貸方 | |
|---|---|---|---|
| 仕入値+加工費の棚卸資産アップ | | 購入なので買掛金を使う | |

| 棚卸資産 | 2,600 | 買掛金 | 3,000 |
| 有償支給取引に係る負債 | 400 | | |

仕入値+加工費 ／ 購入額

## ③ 代金の精算の仕訳

　仮に取引の経済的実態が外注先で加工作業をお願いしているだけであっても、支給者から外注先への代金の支払いや外注先からの支給品代金の回収は契約通りに行います。ですから、未収入金の回収と買掛金の支払いに関する仕訳は、以下のようになります。

図145 代金の精算の仕訳イメージ

| 借方 | | 貸方 | |
|---|---|---|---|
| 代金支払うので買掛金を減らす | | 代金受け取るので未収入金を減らす | |

| 現金預金 | 2,400 | 未収入金 | 2,400 |
| 買掛金 | 3,000 | 現金預金 | 3,000 |

## 4. 仕訳決定までの流れフローチャート

以下は、有償支給取引の仕訳を決定するまでのフローチャートです。

図146

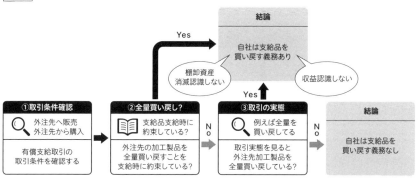

## (1) 解説

### ① 取引条件を確認する 適104

「買戻義務があるか?」が収益認識の会計処理をする上での重要なポイントになるので、はじめに取引条件を確認します。

### ② 全量買戻義務あり? 適178

外注業者との契約・注文で、支給した支給品を（加工後に）製品として全量買い戻すことを約束しているかを確かめます。

### ③ 取引実態に着目 適178

仮に買戻義務がなくても、取引実態をみると支給した支給品を（加工後に）製品として全量買い戻しているのなら、事実上買戻義務があると判定するのが実態に合っていると考えられます。

## ⑵ あてはめ

　それでは、実際の取引例にあてはめて、フローチャートでみてみましょう。

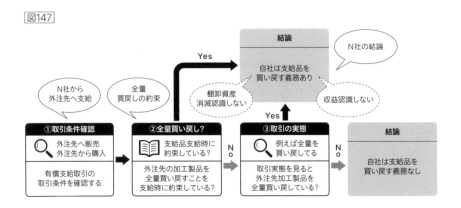

図147

（解説）

- N社から外注先へ支給品を支給。
- 外注先から製品を買い戻し（契約で全量買い戻しを約束している）。

### ① 取引条件を確認する

　N社から外注先への製品加工の依頼並びに支給品の支給の取引では、後日加工が完了したら、全量買い戻す旨の契約が取り交わされています。

### ② 全量買戻義務あり？

　契約で全量買い戻しの約束をしているので、支給品の支給時に収益は認識せず、加工中の支給品は支給者のN社で棚卸資産として会計帳簿にのせています。

### ③ 取引実態に着目

全量買い戻す旨の契約が取り交わされています。

## (3) 注記事例

有価証券報告書の注記から、NISSHAの事例を選んでフローチャートでみてみましょう。解説は注記事例をもとにした筆者の推測です。

図148

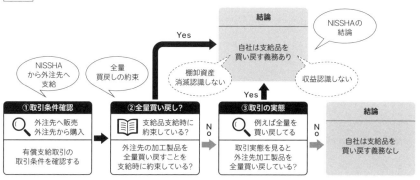

（解説）

- NISSHAから外注先へ支給品を支給。

- 外注先から製品を買い戻し。

- 出典：NISSHA2019年12月期有報148～149ページ

### ① 取引条件を確認する

注記では「有償支給等の買戻契約」と明示されているので、外注先への支給品の支給と後日の買い戻しが約束された契約と思われます。

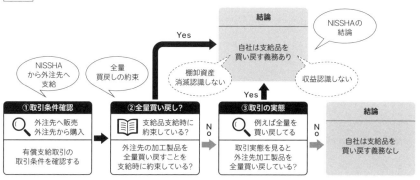

## ② 全量買戻義務あり？

　注記では明らかにされていませんが、「有償支給等の買戻契約」という表現から推察するに、支給した支給品を全量買い戻すことが契約で約束されたものと思われます。したがって、NISSHAから支給品を支給する時に収益は認識せず、加工中の支給品は支給者のNISSHAで棚卸資産として会計帳簿にのっていると思われます。

## ③ 取引実態に着目

　同じく注記から明らかではありませんが、全量買い戻している取引が「有償支給等の買戻契約」に含めて処理されている可能性は考えられます。

## 5. 会計基準や適用指針の構成

　有償支給取引は実務界で関心の高かったトピックで、適用指針でも1つ規定が設けられています。なお、公開草案の段階では設例が設けられていましたが、議論があったことで最終の会計基準・適用指針では設例から取り除かれています。

## (1) 適用指針の規定

　適用指針104項で有償支給取引について規定があります。当規定では、買戻義務の有無を基準に会計処理を分けて定めています。

## (2) 結論の背景

　適用指針177〜181項にかけて有償支給取引の考え方が示されています。104項の規定と同じく「買戻義務」にフォーカスした論調で解説さ

れていますが、買い戻す約束をしていない場合でも「取引の実態に応じて行う必要がある」という考え方が178項で示されています。

図149 主な会計基準や適用指針の構成──有償支給取引編

| 会計基準と適用指針 | 設例 |
| --- | --- |
| 適104　適178 | 削除されている |
| 買戻義務で仕訳を判断　義務なくても取引実態注目 | |

## 6. 有償支給取引の注意点

### (1) 買戻義務

　会計基準・適用指針が「買い戻しを約束しているか?」という視点で会計処理を定めているので、「全量を買い戻す」と約束しているかを外注先との契約で確かめます。日常の取引の注文書では買い戻しに言及していない可能性も考えられるので、取引基本契約書などにも目を通します。

### (2) 取引実態

　全量買い戻しを契約で約束していなければOKというわけではありません。適用指針では取引の実態を確かめることも求めています。つまり、契約で買い戻しを約束していなくても、取引実態で全量買い戻しているのなら、実態は買い戻しを約束しているのと同じという考え方です。

図150

**買戻義務**

契約書や注文書で
約束の有無を確認

**取引実態**

過去の取引実績をみて
全量買戻義務が
事実上あるかを確認

## 7. ポジションペーパーのチェックポイント

### (1) 買戻義務は2段階で

　適用指針で「買戻義務の有無」という視点から会計処理を分けて定めているので、ポジションペーパーでも「買戻義務のある／なし」を基準に書いていきます。なお、後述する(2)で取引実態に着目した判定もしますが、まとめ方は①契約での買戻義務のある／なし②取引実態を見ると買戻義務が事実上ある／なしの、2つのステップでまとめると、ロジックが通っており監査人との協議でも有益です。

### (2) 取引実態

　仮に契約で買戻義務を約束していない場合は取引実態に注目しますが、ポジションペーパーを書く上では、過去（可能なら数年）の取引実績を集めて発注実績と買戻実績をまとめておくのがいいと思います。監査人によるポジションペーパーの検証作業で、取引実態の確認を求められる可能性が高いからです。

## 図151 ポジションペーパーのチェックポイント

**買戻義務**

2段階でまとめる
（契約→取引実態）

**取引実態**

過去数年の取引実績を
確かめてみる（発注・買戻し）

第1章
第2章
第3章
第4章
第5章
第6章
第7章
第8章
第9章
第10章
第11章
第12章
第13章
第14章

# 歩み寄りはすべき？

　「監査人との協議がまとまらない」「歩み寄ってくれないかなぁ」。そんな感情がわいた経理の方は、少なからずいらっしゃるのではないでしょうか。では、全て監査人のいうことを鵜呑みにして言う通りにしないといけないかというと、必ずしもそうとはいえません。そんなときは、歩み寄らずに少し時間を置いてみるのをおすすめします。明らかに監査人が正しい時は時間を置いても結論は変わりませんが、妙に腹落ちしないことを言われた時は案外効果があるかもしれません。重要な会計論点でクライアントの合意が得られないのは監査人も困るので監査人も監査法人内で事例収集にあたったり、同僚や専門家に話を聞くこともあるでしょう。監査人と合意しない状況をしばらく作ることで、監査人に時間を与えて情報収集をするように仕向けるという進め方です。もちろん全ての監査人に通用する進め方ではないので、相手をみながらではありますが、試してみる価値のある方法と思います。

図152

願い

監査人も
歩み寄りして!

解決案

時間を置いて
監査人を注視

可能性

監査人が法人内で
調査等するかも

# あ と が き

「本書だけ読んだ方がいい?」

「会計基準と並行して読んだ方がいい?」

本書を読み終えて、そんな疑問がわいた方もいらっしゃるのではないでしょうか。筆者は、会計基準と並行して読むことをおすすめします。会計基準の理解を深める意味では会計基準そのものを読む必要がありますし、監査人との議論にあたっては、会計基準の原文にあたる必要があるからです。

本書を参考書的な位置づけとして、長くお手元に置いて頂けると幸いです。また、会計基準の理解をより深めるためには、注記事例にもあたってみて下さい。実務ではどう判断しているのかの一端を知ることができるからです。

筆者のTwitterでは事例紹介情報を発信していますので、事例収集にぜひお役立て下さい。

本書をお読み頂きありがとうございました。

※本書で解説している『収益認識に関する会計基準』は2020年3月31日改正版、同適用指針と設例は2021年3月26日改正版を扱っています。

著者略歴

# 内田 正剛 (うちだ まさたか)

公認会計士・税理士。「うちだ会計事務所」代表。大手監査法人で監査業務に従事したのち、税理士法人に勤務し、イギリス大学院留学を経て独立。難しい会計をわかりやすく簡単にYouTubeやTwitterなどで毎日発信するとともに、税務研究会にて、収益認識会計基準や法人税などのセミナー講師を務めている。

YouTube 　　　Twitter

## 主な連載

（週刊経営財務）

『図解と事例で学ぶ！収益認識基準』
　　　　2018年8月27日号～2019年1月28日号

『ココが知りたい！収益認識会計基準の悩みどころ』
　　　　2020年5月11日号～2020年9月21日号

『フローチャートでわかる！収益認識会計基準の3大ポイント』
　　　　2020年12月7日号～2021年1月11日号

（旬刊経理情報）

『収益認識基準の注記における監査人との協議ポイント』
　　　　2021年8月20日・9月1日号～2021年9月20日号

『有報・四報の注記例にみる収益認識の会計処理』
　　　　2021年10月10日号～2021年10月20日号

## 主な著書

『売上・収益の会計ルール入門』
『「不正会計対応」はこうする・こうなる』
『赤字決算の原因と対策がわかる本』
（以上、「中央経済社」）

本書の内容に関するご質問は、FAX・メール等、
文書で編集部宛にお願い致します。

FAX：03-6777-3483　　E-mail：books@zeiken.co.jp

なお、個別のご相談は受け付けておりません。

## フローチャートでわかる! 収益認識会計基準

令和3年12月22日　　初版第1刷印刷
令和3年12月28日　　初版第1刷発行

（著者承認検印省略）

Ⓒ　著　者　内　田　正　剛

発　行　所　税　務　研　究　会　出　版　局
週刊「税務通信」「経営財務」発行所

代　表　者　山　根　　毅

〒100-0005
東京都千代田区丸の内1-8-2 鉄鋼ビルディング
当社ホームページ　https://www.zeiken.co.jp

乱丁・落丁の場合は、お取替え致します。　　印刷・製本　株式会社ダイヤモンド・グラフィック社
ブックデザイン　青木 汀 (株式会社ダイヤモンド・グラフィック社)

ISBN978-4-7931-2662-8

# 書籍購入者特典

# 購入書籍の電子版が

## 税研Booksにて
## 無料でご利用できます

利用方法につきましては、綴じ込み内の記載をご確認ください

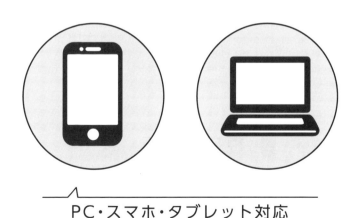

PC・スマホ・タブレット対応

# 書籍購入者特典

## 購入書籍の電子版が

### 税研Booksにて
### 無料でご利用できます

利用方法につきましては、綴じ込み内の記載をご確認ください

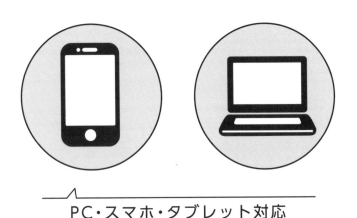

PC・スマホ・タブレット対応